はしがき

簿記と企業会計を学び始めようとする人へ

　本書は、公益社団法人全国経理教育協会（いわゆる全経）・簿記能力検定試験（後援／文部科学省・日本簿記学会）「基礎簿記会計」の『公式テキスト＆問題集』である。

　企業は、日々の活動いわゆる‘取引’を帳簿に記入し、この記入をまとめ、会計報告書である損益計算書（簿記では、損益勘定）と貸借対照表（簿記では、残高勘定あるいは繰越試算表）を作成する。

　これらの会計報告書は、企業が自己の活動の管理のために使用することはもちろん、企業外部の利害関係者（株主や銀行などの債権者、投資家、税務当局など）に提供される。

　この会計報告書の作成の仕方を決めるのが、会計学であり、この実現を図るのが、簿記とりわけ複式簿記である。つまり、簿記と会計学は車の両輪である。基礎簿記会計検定は、この仕組みの基本の理解を問うものである。

　本書により、簿記の仕組み、とりわけ複式簿記の原理の理解と、将来の高度な会計学への学習に進むための基礎知識を習得されんことを願っている。

　なお、問題の内容として、おおよそ次の５問構成とされるので、内容を本書で学習し、合格の手引きにして欲しい。

第１問　帳簿への記録対象・帳簿記入についての出題
第２問　簿記の出発点である仕訳（複式記録）を問う出題
第３問　日記帳（仕訳帳）から元帳への転記に関する出題
　　　　会計の構造に関する出題
第４問　会計報告書（収支計算）の作成に関する出題
　　　　日記帳から元帳への転記に関する出題
第５問　会計報告書（損益計算）の作成に関する出題

令和6年2月

一橋大学名誉教授・商学博士

新田　忠誓

試 験 日	年4回（5月、7月、11月、2月）実施
	※5月と11月は上級を除きます。

受験資格　男女の別，年齢，学歴，国籍等の制限なく誰でも受けられます。

受 験 料
（税込）

上級		7,800 円	2級	商業簿記	2,200 円
1級	商業簿記・財務会計	2,600 円	2級	工業簿記	2,200 円
	原価計算・管理会計	2,600 円	3級	商業簿記	2,000 円
				基礎簿記会計	1,600 円

試験会場　本協会加盟校　※試験会場の多くは専門学校となります。

申込方法　協会ホームページの申込サイト（https://app.zenkei.or.jp/）にアクセスし，メールアドレスを登録してください。マイページにログインするためのIDとパスワードが発行されます。

　　　　　上級受験者は，試験当日，顔写真付の「身分証明書」が必要です。

　　　　　マイページの検定実施一覧から検定試験の申し込みを行ってください。2つの級を受けることもできます。

　　　　　申し込み後，コンビニ・ペイジー・ネットバンキング・クレジットカード・キャリア決済・プリペイドのいずれかの方法で受験料をお支払ください。受験票をマイページから印刷し試験当日に持参してください。試験実施日の2週間前から印刷が可能です。

試験時間　試験時間は試験規則第5条を適用します。開始時間は受験票に記載します。

合格発表　試験日から1週間以内にインターネット上のマイページで閲覧できます。ただし，上級については2か月以内とします。※試験会場の学生，生徒の場合，各受付校で発表します。

［受験者への注意］
1．申し込み後の変更，取り消し，返金はできませんのでご注意ください。
2．上級受験者で，「商簿・財務」の科目を受験しなかった場合は「原計・管理」の科目を受験できません。
3．受験者は，試験開始時間の10分前までに入り，受験票を指定の番号席に置き着席してください。
4．解答用紙の記入にあたっては，黒鉛筆または黒シャープペンを使用してください。
　　簿記上，本来赤で記入する箇所も黒で記入してください。
5．計算用具（計算機能のみの電卓またはそろばん）を持参してください。
6．試験は，本協会の規定する方法によって行います。
7．試験会場では試験担当者の指示に従ってください。
　　この検定についての詳細は，本協会又はお近くの本協会加盟校にお尋ねください。

検定や受付校の詳しい最新情報は、
全経ホームページでご覧ください。
「全経」で検索してください。
http://www.zenkei.or.jp/

郵便番号　170-0004
東京都豊島区北大塚1丁目13番12号
公益社団法人　全国経理教育協会
　　TEL　03（3918）6133
　　FAX　03（3918）6196

基礎簿記会計・3級商業簿記

1．会計基準及び法令は毎年4月1日現在施行されているものに準拠する。

基礎簿記会計	3級商業簿記
簿記会計学の基本的素養が必要な営利・非営利組織	小規模株式会社
1　簿記の基本構造	
1．基礎概念（営利）	
a．資産，負債，純資産	
b．収益，費用	
c．損益計算書と貸借対照表との関係	
2．取引	
a．取引の意義	
b．取引の種類	
c．取引の構成要素（8要素）	
3．勘定	
a．勘定の分類	
b．勘定記入の原則	評価勘定
c．仕訳と転記	
d．貸借平均の原理	
4．帳簿	
a．主要簿	
仕訳帳	
（現金出納帳）	
総勘定元帳	
b．補助簿	
（次の2諸取引の処理参照）	
	5．証ひょう
2　諸取引の処理	
1．現金預金	
a．通貨	通貨代用証券
現金出納帳	
	b．現金過不足
	c．小口現金
	小口現金出納帳
d．普通預金	
	e．当座預金
	当座預金出納帳
	i．定期預金
	（一年以内）
3．売掛金と買掛金	
a．売掛金，買掛金	売掛金（得意先）元帳，
	買掛金（仕入先）元帳
4．その他の債権と債務等	
a．貸付金，借入金	
	b．未収（入）金，未払金
	c．前払金（前渡金），
	前受金(予約販売を含む)
	d．立替金，預り金
	e．仮払金，仮受金
	5．有価証券
	a．有価証券の売買
	6．貸倒れと貸倒引当金
	a．貸倒れの処理
	b．差額補充法

基礎簿記会計	3級商業簿記
簿記会計学の基本的素養が必要な営利・非営利組織	小規模株式会社
7．商品	
a．分記法	
	b．売上原価対立法(個別／月次)
	c．三分法
	返品
	売上帳・仕入帳
	e．払出原価の計算
	先入先出法
	商品有高帳
9．固定資産	
a．有形固定資産の取得	
	固定資産台帳
	e．減価償却
	定額法
	記帳法・直接法
13．純資産（資本）	
a．資本金	
b．引出金	
14．収益と費用	
商品販売益，家賃収入，	売上，雑益など
サービス収入など，受取利息	仕入，交際費，支払手数料，
給料，広告費，水道光熱費，	租税公課，雑損など
発送費，旅費，交通費，	
通信費，消耗品費，	
修繕費，支払家賃，支払地代，	
保険料，雑費，支払利息	
	15．税金
	a．所得税
	b．固定資産税
	c．消費税（税抜方式）
	3　株式会社
	1．資本金
	a．設立
	3．利益剰余金
	b．その他利益剰余金
	繰越利益剰余金
6　決算	
1．試算表	
	2．決算整理
	商品棚卸，減価償却，
	貸倒見積，現金過不足，
	営業費用の繰延と見越
3．精算表	
6欄（桁）精算表	8欄（桁）精算表
4．収益と費用の損益勘定への振替	
5．純損益の資本金勘定への振替	繰越利益剰余金勘定への振替
6．帳簿の締切り	
英米式	
繰越試算表	
7．財務諸表	
a．損益計算書と貸借対照表	
勘定式・無区分	
7　その他の組織形態の会計	
5．非営利団体	
a．収入，支出	
b．現金出納帳	
c．元帳	
d．試算表	
e．会計報告書	

全経 簿記能力検定試験 公式テキスト&問題集 基礎簿記会計

CONTENTS

試験 標準勘定科目表

基礎簿記会計

標準的な勘定科目の例示は、次のとおりである。

資 産 勘 定	現　　　　金	普 通 預 金	売 掛 金	商　　　　品	貸 付 金	建　　　　物
車 両 運 搬 具	備　　　　品	土　　　　地	負 債 勘 定	買 掛 金	借 入 金	純資産（資本）勘定
資 本 金	収 益 勘 定	○ ○ 収 入	商 品 販 売 益	役 務 収 益	受 取 利 息	費 用 勘 定
給　　　　料	広 告 費	発 送 費	旅　　　　費	交 通 費	通 信 費	水 道 光 熱 費
消 耗 品 費	修 繕 費	支 払 家 賃	支 払 地 代	保 険 料	雑　　　　費	支 払 利 息
その他の勘定	損　　　　益	引 出 金				

3級　商業簿記

標準的な勘定科目の例示は、次のとおりである。なお、基礎簿記会計に示したもの以外を例示する。

資 産 勘 定	小 口 現 金	当 座 預 金	定 期 預 金	有 価 証 券	繰 越 商 品	消 耗 品
前 払 金	支 払 手 付 金	前 払 家 賃	前 払 地 代	前 払 保 険 料	従業員貸付金	立 替 金
従業員立替金	未 収 金	仮 払 金	仮 払 消 費 税	負 債 勘 定	未 払 金	未 払 税 金
未 払 給 料	未 払 広 告 費	未 払 家 賃	未 払 地 代	前 受 金	受 取 手 付 金	預 り 金
従業員預り金	所得税預り金	社会保険料預り金	仮 受 金	仮 受 消 費 税	純資産（資本）勘定	繰越利益剰余金
収 益 勘 定	売 上	有価証券売却益	雑 益	雑 収 入	費 用 勘 定	売 上 原 価
仕 入	貸倒引当金繰入(額)	貸 倒 損 失	減 価 償 却 費	交 際 費	支 払 手 数 料	租 税 公 課
有価証券売却損	雑 損	その他の勘定	現 金 過 不 足	貸 倒 引 当 金		

Chapter 1

身のまわりの簿記

Section0	簿記の自己紹介	重要度レベル ★☆☆☆☆
Section1	自分貸借対照表を作ろう！	重要度レベル ★★★☆☆
Section2	自分損益計算書を作ろう！	重要度レベル ★★★☆☆
Section3	貸借対照表と損益計算書	重要度レベル ★★★★★

ココがPOINT!

簿記を学ぶコツ

　さあ、これからみなさんは、企業（営利組織）が行う簿記を勉強していきます。

　簿記は「簿記の世界を学ぶ」などと考えるのではなく、自分自身のごく日常のものとして捉えたほうがはるかにわかりやすくなります。

　人は、なにがしかの財産（簿記でいう資産）を持ち、働くことによって給料などという形で収入（簿記でいう収益）を得、家賃や食費や交通費といった費用（簿記でも費用です）を支払い、時にはローンなどを組んで負債（簿記でも負債です）を負ったりします。これと同じことなのです。これと同じことを企業がやっていて、それを記録していく、簿記とはただそれだけのことなのです。

　ですから、この Chapter では、まず自分の身のまわりのこととして簿記を捉えましょう。

　この捉え方が簿記の学習を簡単にし、さらにはビジネス上で簿記を活かす発想にも繋がるのです（簿記の世界のお話、として学んだのでは活かすのが難しいです）。

　では、はじめていきましょう！

簿記の自己紹介

はじめに

これから「簿記（bookkeeping）」との新しい出会いがはじまります。

情報化された現代において、数字が何を意味しているかはとても重要な情報なので、簿記はみなさんだけでなく、同じ時代に生きるすべての人に必要だといっていい知識です。

では最初に、簿記さんにインタビューしてみましょう。

1 あなたはなぜ簿記というのですか？

私がなぜ『簿記』と名づけられたのかは、生まれたときの話なのであまり定かではないのですが、「帳簿記入」の中の文字２つをとって名づけられたという話や、英語で簿記を意味する「bookkeeping」がなまったものだという話を聞いています。

いずれにしても、名は体を表すで「帳簿に記録すること」が私の役目です。

2 どうして帳簿に記録しないといけないのですか？

記録する理由には、(1)内部的な理由と(2)外部的な理由の２つがあります。

(1)内部的な理由

「おこづかい帳」や「家計簿」と同じで、記録を残しておかないと、ムダ使いしてもわからなくなってしまうでしょう。

企業も同じで「どんな活動のためにいくら使ったのか」をはっきりさせておかないと、「それでよかったのか？」も考えられないし、ましてや「将来どうすればいいんだろうか？」もわからないですよね。だから記録を残しておかないといけないんです。

(2)外部的な理由

それから、現実的な問題として「税金」があります。

企業は法人税などを支払わなければならないのですが、これらは利益に対して支払うものなので、最低でも年に１回は利益の額を確定しなければなりません。そのためには「何をしていくら儲けたのか（経営成績）」を明らかにしないと、税金を払いすぎたり、逆に少なすぎて脱税になってしまったりと問題が起こるのです。

また、企業が銀行からお金を借りようとするときには、銀行は「何をいくら持っていますか（財政状態）」と聞いてきます。そのときに答えられるようにしておく必要もあります。

いずれにしても、日々の活動を記録しておかないと、こういったときに困ってしまうことになるのです。

Chapter 1
Chapter 2
Chapter 3
Chapter 4
Chapter 5
Chapter 6
Chapter 7
Chapter 8
Chapter 9
Chapter 10
Chapter 11
Chapter 12

３ 簿記って、おこづかい帳と同じなのですか？

　確かに、おこづかい帳も簿記のうちですが、おこづかい帳は現金の収支が中心だし、特に決まったルールがないですよね [01]。

　これからみなさんが学ぶ簿記は『複式簿記（ふくしきぼき）』という簿記です。現金の収支を伴わないいろいろな活動も記録でき、**記帳するには一定のルールがあ**ります。この共通のルールを知らないと「人によって記帳が違う！」などとなり集計が難しくなってしまいますからね。

01) これを単式簿記（たんしきぼき）といいます。

４ ところで、簿記って、いつごろできたのですか？

　複式簿記は 14 世紀にイタリアの商人が考案したようなのですが、本になったのは 1494 年で、イタリアの数学者ルカ・パチョーリという人が著書の中で詳しく述べています。

　その後、日本に紹介したのは福沢諭吉さんで、1874 年に『帳合之法（ちょうあいのほう）』という本が出版されて、一般に広まったのです [01]。

01) 『帳合之法』が出版された２月 10 日を「簿記の日」としています。

５ 簿記が職業につながるって、本当なのですか？

　職業会計人と呼ばれる人たちがいて、その中には財務や税務を通じて中小企業を支える税理士や、会計情報が適正であるかを調べて意見を表明する公認会計士の資格を持っている人たちがいます。

　また、そういった資格の取得までには至らなくても、高いレベルの簿記知識を習得することで、経理担当として活躍することも可能となりますし、経理以外の一般のビジネス上でも有用、というよりもむしろ必要不可欠な知識になります [01]。

01) 会計担当者は重要な役割と責任をもつことになります。

　それではインタビューはこれくらいにして、簿記さんにご自身について語ってもらいましょう。

６ 簿記の基礎的条件

　私（簿記）が活動するには、前提として次の**３つの基礎的条件**が必要です。

(1)企業を１つの会計単位として記録すること

　企業を、社長（経営者）とは別の独立した存在（１つの会計単位）として、その取引を記録する。

(2)企業が、継続して存在し続けると仮定して記録・計算すること

　継続すると考えるから、いろいろな記録が意味を持ちます [01]。

(3)企業の活動を、すべて貨幣単位 [02] で表して記録・計算すること

　お金で考えられないものは、記録できません [03]。

　この３つの条件が満たされて、私（簿記）が存在するのです。

01) 極端な話ですが、１日だけの営業なら、現金の増減だけ把握すれば十分でしょう。
02) 日本では円単位になります。
03) 企業の経営資源としてヒト・モノ・カネがありますが、ヒトの存在はお金で考えられないので簿記上扱うことはありません。

自分貸借対照表を作ろう！

たいしゃくたいしょうひょう

重要度レベル ★★★☆☆

はじめに

「簿記」などというと、何か特別なことでもするかのように思ってしまう方が多くいらっしゃいます。

しかし、そんなことはありません。身近なものに置き換え、みなさんの日常の生活をちょっと簿記という視点で見てみることです。そこにはいろいろな発見があり、また、それらはとても役に立つものばかりです。

さあ、簿記の世界を少しのぞいてみましょう。

1 持っているものが資産

「あなたは、何を持っていますか？」と聞かれると、みなさんはカバンや財布の中の現金を思い浮かべるのではないでしょうか[01]。

しかし、それだけですか？

ポケットやかばんに携帯電話が入っている人もいるでしょうし、筆箱にはシャープペンシルや消しゴムが入っているでしょう。また通学用に、自転車を持っている人もいるでしょう。

これらのすべてが、あなたの『資産』ということになります。

つまり、「**持っていてプラスになるもの**」、これが資産なのです。

また、資産の多くは、「以前に買ったもの」でしょうから、**金額をつけることができる**でしょう。

では、みなさん、ここに「自分が持っているもの」を書き出してみましょう[02]。

現　金	円	預　金	円	衣　類	円
アクセサリー	円	パソコン	円	ソフト	円
バイク・車	円	フィギュア	円	その他	円

この金額を合計してみましょう。これがみなさんの資産の合計額です。

01) 書店での立読み中で「この本を持っている」という方もいらっしゃるかもしれませんね。それはまだあなたの資産ではありませんよ。お金を払って買ったら、あなたの資産になります。

現金はそのまま使えるし、預金なら利息が付きます。また、土地などは住んでもよいし売ってもよいので、持っていてプラスになりますね。このようなものが資産です。

02) 持っていないものは０円とし、また、もらったものは適当に金額をつけてみてください。

2 ＜ 持っていても資産でないもの

「あなたはどんな財産を持っていますか？」と聞かれて、家族とか恋人、親友などと思われた方はいらっしゃいませんか？　結構、ロマンティックな方ですね。また、免許とか資格をイメージされた方もいらっしゃることでしょう。

　確かに、これらはかけがえのない大切なもので「持っていてプラスになるもの」ではありますが、**売却することも金額をつけることもできません。**ですから、これは『資産』にはなりません[01]。

> **01)** ペットは資産になります。売れますから。

3 ＜ 返さなければならないのが負債

「あなたが返さなければならないもの[01]」には、どんなものがありますか？

　住宅や自動車のローンがあったり、奨学金をまだ返していない、親に借金がある、という方もいらっしゃることでしょう。

> **01)** つまり借りているもの、これから支払わなければならないもののことです。

　これらの「これから支払わなければならないもの」のすべてが『負債』[02]ということになります。金額は、みなさん自身がおわかりでしょう。

　では、ここに「自分が返さなければならないもの」を書き出してみましょう。

> **02)** 負債は債務（さいむ）ともいわれ、「いつ、誰に、いくら支払うのかが決まっているもの」でもあります。

借　　　　金	円	カードローン	円	奨　学　金	円
住宅ローン	円	自動車ローン	円	そ　の　他	円

この金額を合計してみましょう。これがみなさんの負債[03]の合計額です。

> **03)** 返さなければならないものというと「親への恩」などと思われた方もいらっしゃるかもしれませんが、これらは"いつ""いくら"と決まっているものではないので、負債とはなりません。

4 < 自由に使えるものが純資産（資本）

「**自由に使えるお金はいくらありますか？**」と聞かれると、みなさんはどう考えるでしょうか。

持っているパソコンや自転車などの資産は、売れば自由に使えるお金になりますし、逆に奨学金や借金などの負債は返さなければならないので、その分は自由に使えるお金にはなりません。

つまり、資産が 1,000 万円あったとしても、負債が 700 万円あれば、自由に使えるお金は 300 万円ということになります。

そして、**資産と負債の差額**の 300 万円が『**純資産（資本）**』となります。純資産は「**自分が自由に使える元手**」のことです。

$$資　産 － 負　債 ＝ 純資産（資　本）$$

そうして、資産と負債・純資産（資本）を一覧する表を『**貸借対照表**』といいます。

5 < 自分貸借対照表を作ろう

持っているもの「**資産**」を左側に、返さなければならないもの「**負債**」と、差額の自由に使えるもの「**純資産（資本）**」を右側に書いてみましょう。じつはこれで「**自分貸借対照表**」の出来上がりです。

自分貸借対照表

持っているもの⇒ 資　産	負　債	⇐返さなければならないもの
	純資産（資本）	⇐差　額

みなさんの貸借対照表は、どんな貸借対照表になったでしょうか？[01]

もちろん、資産が多くて負債が少なければリッチな貸借対照表、逆に資産が少なくて負債が多いとビンボーな貸借対照表ということになります。

01) えっ、「資産より負債のほうが大きくて、差額がマイナスになってしまった」ですって？ 大丈夫ですよ。こうして勉強していっぱい稼げるようになればへっちゃらです。

6 ／ 貸借対照表は資産・負債・純資産（資本）の一覧表

「あなたの財産の状況を聞かせてください」といわれると、みなさんはもう、資産だけではなく、負債や、純資産（資本）についても答えることができるでしょう。

貸借対照表は「一定時点の企業の財産の状況[01]を一覧表で示したもの」であり、それは「**何をいくら持っていて、誰にいくら返さなければならないのですか？**」という問いかけに対する答えでもあるのです。

01） これを「財政状態（ざいせいじょうたい）」といいます。

7 ／ 貸借対照表の特徴

貸借対照表は左側に資産を書き、右側に負債と純資産（資本）を書くというルールになっています。

また、左側〔＝資産〕の金額と右側〔＝負債＋純資産（資本）〕の金額は必ず一致します。純資産（資本）が、資産と負債の差額ですから当然ですね[01]。そして、貸借対照表は左側と右側の金額が一致（バランス）することから「バランス・シート（Balance Sheet）」といわれB／Sと略されます。

01） もしも負債のほうが大きいときは、純資産（資本）がマイナスになります。

貸借対照表

資　産	負　債
1,000万円	700万円
	純資産（資本）
	300万円

　貸借対照表では、資産を左側に、負債と純資産（資本）を右側に示しましたが、この資産が左側、負債と純資産（資本）が右側というのが、それぞれの項目の**ホームポジション**、つまり**通常あるべき位置**になります。

　ただし、資産と負債は途中で増加することもあれば、減少することもあります。もちろん、**資産と負債の差額**である純資産（資本）も連動して増減します。そこで、下記の図のように、それぞれ**増加・減少を左右に分けて記録**し、**一定時点の残高**（増加と減少の差額）を貸借対照表に記載します。

　「増加はホームポジション側、減少はホームポジションの逆側に記入する」というのが簿記のルールになっています。

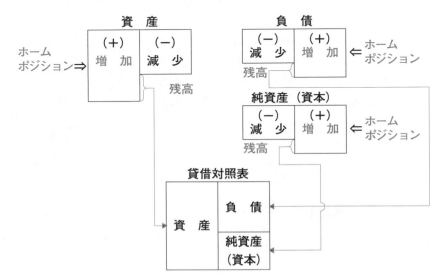

左の図はよく覚えておきましょう。とくにホームポジション（増加側）が大切です。

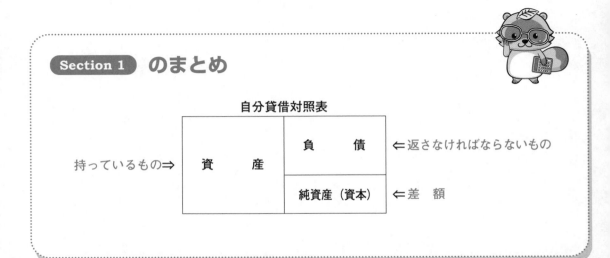

自分損益計算書を作ろう！
そんえきけいさんしょ

重要度レベル ★★★☆☆

はじめに

みなさんの自分貸借対照表、いかがでしたか？

確かに貸借対照表は、みなさんの財産の状態を一定時点の断面で見せてくれるものではあります。しかし、みなさんの稼ぐ力や儲ける力を示してはくれません。

そこで、損益計算書の登場です。

今度はみなさんの稼ぐ力を見てみましょう。

1 もらったら返さなくてよいものが収益

「一度もらったら返さなくてよいものは？」と聞かれると、みなさんは、働いて得た給料やアルバイト代、お小遣いやお年玉などをイメージされることでしょう。

そうです。これら「一度もらったら返さなくてよいもの」が『収益』なのです。

では、みなさん、ここに自分が「今月もらって、返さなくてもよいもの」を書き出してみましょう。

給料(アルバイト代)	円	お 年 玉	円	そ の 他	円

2 収益で元手（純資産）が増える

競馬やカジノといったギャンブルゲームをイメージしてみてください。

たとえば、¥100 賭けて当たり ¥1,000 になって戻ってきたとすると、（次のゲームに賭けられる）元手が ¥900 増えたことになります。

つまり、『収益』は元手である「純資産（資本）の増加要因」ということになるのです。

3 ▸ 収益のホームポジションは右側

収益は純資産（資本）の増加要因ですから、収益は**純資産（資本）が増えるのと同じ側（右側）がホームポジション**となり、右側で増加（**発生**）することになります[01]。

01) 収益は「一度もらったら返さなくてよいもの」ですから、左側で減ることは、あまり考える必要がありません。

4 ▸ 払ったら返ってこないものが費用

「払ったら返ってこないものは？」と聞かれると、みなさんは食費、交通費、授業料など、さまざまなものが浮かぶことでしょう。

これら "払ったら返ってこないもの" が『費用』となります。

では、みなさん、ここに自分が「今月払って返ってこないもの」を書き出してみましょう。

食　費	円	交通費	円	授業料	円
家　賃	円	水道光熱費	円	その他	円

5 ▸ 費用で元手が減る

資産から負債を差し引いたものが純資産（資本）、つまり元手であり、自由に使うことができる部分でもありました。

たとえば、交通費を使って、どこかへ出かけたとしましょう。自由に使えるものを使ったのですから、（自由に使えるものである）純資産（資本）が減少したことになります。つまり、『費用』は元手である「純資産（資本）の減少要因」ということになるのです。

6 ▸ 費用のホームポジションは左側

費用は純資産（資本）の減少要因ですから、費用は**純資産（資本）が減**
るのと同じ側（左側）がホームポジションとなり、**左側で増加（発生）**す
ることになります[01]。

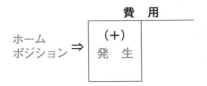

費　用
ホーム ポジション ⇒

費　用

ホーム
ポジション ⇒ | （＋）
発　生 |

01) 費用は「払ったら返っ
てこないもの」です
から、右側で減るこ
とは、あまり考える
必要がありません。

7 ▸ 儲けたものが純資産（資本）に

「今月の生活は黒字だったのだろうか。それとも赤字だったのだろうか？」
ということは誰しも気になるところです。このようなとき、みなさんは給料、
アルバイト代といった「もらったら返さなくてよいもの」から、働きに行
くための交通費や自分を維持するための食費といった「払ったら返ってこ
ないもの」を差し引いて考えるのではないでしょうか？

そうです。**収益から費用を差し引いたものが"儲け"**、つまり簿記でいう
『利益』なのです。そして、利益は元手、つまり純資産（資本）となります。

収　益　－　費　用　＝　利　　益　← 純資産（資本）の一部

そうして、収益と費用の関係から利益を示す表を『損益計算書』といい、
P／L（Profit and Loss statement）と略されます。

本当の儲けは 700 万円
じゃないんですよ。700
万円の収益を得るために
500 万円の費用を使って
いるからなんです。

8 ▷ 自分損益計算書を作ろう

　元手（純資産）の増加要因である「収益」を右側に、減少要因である「費用」を左側に書いてみましょう。そして、差額が「収益＞費用」なら利益[01]、逆に「収益＜費用」なら損失[02]としましょう。これで自分損益計算書の出来上がりです。

今月の自分損益計算書

払ったら返ってこないもの ⇒ 費　用　　収　益 ⇐ もらったら返さなくていいもの

利　益 ⇒

01) 利益は自分の元手の正味の増加です。

〈損益計算書〉

費　用　　収　益

元手の増加 ⇒ 利　益

02) 損失は元手の正味の減少を意味しています。

〈損益計算書〉

費　用　　収　益

損　失 ⇐ 元手の減少

　みなさんの損益計算書はどんな損益計算書になりましたか？
　ちゃんと利益は出ましたか？ 利益が出たら、その分だけ自由に使える元手、つまり純資産（資本）が増えていたことにお気づきでしょう。また、損失は今月だけならよいのですが、長く続くと破産してしまうので気をつけましょう。

9 ▷ 損益計算書は一定期間における"儲け"の明細書

　「あなたは、いくら儲けましたか？」と聞かれるとみなさんは、もう、もらった給料だけではなく、そこから交通費、食費などの費用を差し引いて考えるでしょう。
　損益計算書は「一定期間の企業の儲けを示したもの[01]」であり、それは「いくら儲けましたか？」という問いかけに対する答えでもあるのです。

01) これを「経営成績（けいえいせいせき）」といいます。

10 ▷ 損益計算書の特徴

　損益計算書には「○月○日から×月×日まで」という期間[01]が設定され、その期間に発生した収益を右側に、費用を左側に記入します。そして、その差額が、その期間の利益または損失となります。

01) 損益を計算する期間を会計期間（かいけいきかん）といい、通常1年間が用いられます。

損益計算書
（○月○日から×月×日まで）

費　用	収　益
500万円	700万円
利　益	
200万円	

Chapter 1
Chapter 2
Chapter 3
Chapter 4
Chapter 5
Chapter 6
Chapter 7
Chapter 8
Chapter 9
Chapter 10
Chapter 11
Chapter 12

Section 2 のまとめ

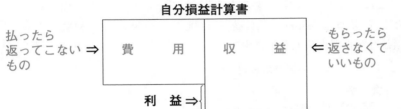

自分損益計算書

払ったら
返ってこない　⇒
もの

費　　用	収　　益

もらったら
⇐ 返さなくて
いいもの

利　　益　⇒

貸借対照表と損益計算書

Section 3

重要度レベル ★★★★★

はじめに

一定の日の財産の状態を示す貸借対照表と、一定の期間の儲けを示す損益計算書のそれぞれの構造はイメージできたことと思います。
それではこの貸借対照表と損益計算書は、どのような関係を持っているのでしょうか。

1 今日1日の貸借対照表と損益計算書

今日1日を『会計期間』として、貸借対照表と損益計算書を作ってみましょう。今朝、あなたは現金で ¥1,000 を持っていたものとしましょう。その現金を元手に1日の活動を始めます。

まず、¥200 の交通費を使ってアルバイトに行き、昼食に ¥600 の弁当を食べました。そうして、アルバイトが終わりアルバイト代の ¥5,000 をもらって、夕食に ¥1,000、帰りの交通費 ¥200 を使って1日を終えたときには現金が ¥4,000 残っていたとしましょう。

この1日の動きを、貸借対照表と損益計算書に表してみたいと思います。

(1)朝の貸借対照表

貸借対照表は一定時点ごとに作成されます。したがって、朝の時点で作成することができます。すると、資産として現金 ¥1,000、『資本金』[01] として ¥1,000 というシンプルな貸借対照表が出来上がります。

朝の貸借対照表

資　産	負　債
現金　¥1,000	¥0
	純資産（資本）
	資本金[01] ¥1,000

(2)今日の損益計算書

損益計算書は一定期間ごとに作成されます。したがって、今日1日という期間で作成することができます。すると、収益としてアルバイト代 ¥5,000、費用として交通費 ¥400 [02]、食費 ¥1,600 [03]、結果として利益 ¥3,000 という損益計算書が出来上がります。

今日の損益計算書

費　用	収　益
交通費 ¥　400	アルバイト代 ¥5,000
食　費 ¥1,600	
利　益 ¥3,000	

「朝」という字は「十日十月⇒十月十日」と書きます。つまり人が生まれてくるまでの時間を示しています。人は皆、毎朝生まれ変わっているのです。
新しい気持ちで今日1日を迎えましょう。

01) 純資産（資本）は、資産や負債と同じく分類する上での名称です。「あなたが自由に使える元手」を、具体的には資本金といいます。

02) 往復の交通費です。
03) 昼食と夕食の合計です。

(3)夜の貸借対照表

今日1日を終えた夜には、手許には資産として現金 ¥4,000 が残り、これが明日の活動の元手である純資産（資本）となります。

夜の貸借対照表

資　産	負　債
現金　¥4,000	¥0
	純資産（資本）
	資本金　¥4,000

2 ＜ 利益は純資産（資本）を増やす

今日の活動で得た損益計算書の**利益 ¥3,000** は、朝の貸借対照表の**資本金 ¥1,000** と合計され、夜の**資本金 ¥4,000 を構成**しています。

貸借対照表と損益計算書の関係を確認しておきましょう。

3 ＜ 期首・期中・期末

現在の会計期間を『当期』といい、その最初の日を『期首』、最後の日を『期末』、その間を『期中』といいます。

当期の損益計算書には、当期中に発生した収益と費用が記載され、当期の貸借対照表には当期末時点での資産・負債・純資産（資本）が記載されます[01]。

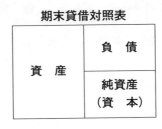

01) 前期末（たとえば、×1年12月31日営業終了後）と当期首（×2年1月1日営業開始時）の間に資産・負債等の移動はないので、前期末の貸借対照表は当期首の貸借対照表に一致します。

4 ＞ 貸借対照表と損益計算書

　期首時点での貸借対照表は資産 1,000 万円、負債 700 万円、そして差額が純資産（資本）で 300 万円であり、この状態が当期のスタートであったとしましょう。

　期中の活動で得た収益は 700 万円、使った費用は 500 万円。したがって、当期の利益（当期純利益）は 200 万円となり、これが当期の損益計算書に示されます。

　期首の状態に期中の活動を加えた結果、当期末の貸借対照表は資産 1,200 万円、負債 700 万円、純資産（資本）500 万円となります。

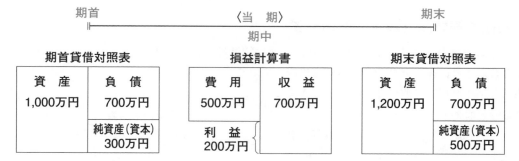

　期首の純資産（資本）300 万円に当期純利益 200 万円を加えることによって、期末の純資産（資本）500 万円となっています。つまり、期末の純資産（資本）には「期首からの元手」と「当期の利益」という 2 つの意味があるのです。

　もちろん、当期に損失を計上すると、純資産（資本）は減少します。

5 ＞ 貸借対照表と損益計算書にかかわる公式

　貸借対照表と損益計算書にかかわる公式（会計構造式）として、次の公式があります。

> 純 資 産 等 式：資　産 － 負　債 ＝ 純資産

　資産から負債を差し引いて自由に使える資金（元手）を計算します。

> 貸借対照表等式：資　産 ＝ 負　債 ＋ 純資産

　貸借対照表の左側の合計金額と右側の合計金額は一致することを表します。

財産法の公式：期末純資産 － 期首純資産 ＝ 当期純利益 [01]

期末純資産と期首純資産との比較から、当期純損益を計算します。

01) マイナスとなった場合は当期純損失（とうきじゅんそんしつ）となります。

損益法の公式：収　益 － 費　用 ＝ 当期純利益 [01]

収益と費用の比較から、当期純損益を計算します。なお、**財産法の結果と損益法の結果は一致**します。

損益計算書等式：費　用 ＋ 当期純利益 ＝ 収　益

損益計算書の左側の合計金額と右側の合計金額は一致することを表します。

Section 3 のまとめ

貸借対照表（バランス シート〈B/S〉といいます）
　　　　　⇨ 一定の日の財産の状態（かっこ良くいうと財政状態）を表すもの
損益計算書（プロフィット アンド ロス ステートメント〈P/L〉といいます）
　　　　　⇨ 一定の期間の儲け（かっこ良くいうと経営成績）を表すもの

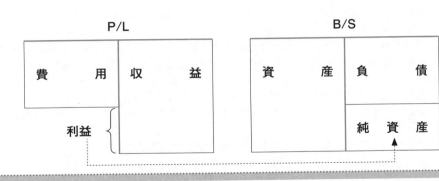

おしゃべりな数字たち

　数字って、とてもおしゃべりなんです。
　そして「嘘がつけないタイプ」とまではいいませんが、「嘘をついてもすぐにばれるタイプ」のものなのです。
　だから数字を見ると、「なんとか格好はつけているけど、ひいひい、つらいよー」といっているものもあれば、「ほんとうは余裕なんだけどね」といっているものもあります。

　大切なことは、数字たちの言葉に耳を傾けられるようになることです。
　そして、そのためには、数字たちの言葉「簿記」を学んでおかなければなりません。

　これからの時代、「簿記」の知識はますます必要かつ重要になります。
　みなさんの選択は正しい。頑張って進んでいきましょう。

Chapter 2

仕訳ってなに？

| Section1 | 仕訳ってなに？ | 重要度レベル ★★★★☆ |

仕訳は覚えない！

ここで、簿記の基礎であり根本でもある「仕訳（しわけ）」が出てきます。

この仕訳を"覚える"などと考えてはいけません。

人間、覚えたことは忘れるものです。

覚えることは最小限にして、理解することに重点を置きましょう。

では、理解するにはどうすればいいのでしょうか。

理解するには、取引をする者の立場に立って、具体的に「取引の場面をイメージすること」です。

取引の場面をイメージすることさえできれば、仕訳は必然的にできてきます。

自分が取引をしている気持ちになって、この Chapter の学習をはじめてください。

仕訳ってなに？

重要度レベル ★★★★☆

はじめに

Chapter 1では、貸借対照表や損益計算書といった、企業が1年間活動した結果をまとめた表について見てきました。しかし、実際に「費用を500万円使った」「収益が700万円あがった」といった場合に、簿記ではどのように扱うのでしょうか。

1 ▷ 増えたとき減ったときに仕訳を

資産・負債・純資産（資本）、そして収益・費用が**増えたり減ったりした**ときに、簿記では『仕訳』という処理を行います。また仕訳を行う**前提となる出来事**を『取引』といいます。

つまり、資産・負債・純資産（資本）・収益・費用が増減する出来事を取引といい、**取引について簿記では仕訳**を行うのです。

簿記上の取引は、一般的な取引のイメージとは少し異なるという点に注意しましょう。

共通

	簿記上の取引	相違点①
相違点②	一般的な取引	

相違点①：例）取引先に商品を注文した
相違点②：例）火災により倉庫が焼失した

2 ▷ 勘定科目で捉える

『勘定科目』とは仕訳を行うときの、金額の動きを把握する単位のことです。

たとえば、**"資産が増えた"** というときに、それだけでは「現金」が増えたのか、「土地」が増えたのかがわかりません。また、**"収益があがった"** といっても、商品を売った儲け「商品販売益」と、預金についた「受取利息」とでは意味が異なるでしょう。

そこで簿記では、勘定科目を用いて資産・負債・純資産（資本）・収益・費用のそれぞれを、さらに細かく分けて把握します。

つまり、仕訳を行うさいには、資産・負債・純資産（資本）・収益・費用といった大きな区分ではなく、それらに属する「現金」や「土地」、「商品販売益」といった、より細かい勘定科目を用いて行うのです。

> 「火災」「盗難」といった出来事は、財産の増減が生じるので、みなさんの「取引のイメージ」には合わないかもしれませんが、簿記では「取引」と考えます。
> また商品の注文をしたり、受けただけでは、財産に増減が生じていないので簿記の「取引」とは考えません。

基礎簿記会計で学習する**標準的な勘定科目**を例示します。ここですべての勘定科目を覚える必要はありません。学習するにつれて、勘定科目のイメージが付くようになり、自然と覚えていきます。

Chapter 1
Chapter 2
Chapter 3
Chapter 4
Chapter 5
Chapter 6
Chapter 7
Chapter 8
Chapter 9
Chapter 10
Chapter 11
Chapter 12

資産の勘定科目

現　　　金：通貨（紙幣・硬貨）
普 通 預 金：自由に預入れ・払戻しのできる預金口座
売 掛 金：商品を掛け[01]で販売したときに生じる債権
商　　　品：販売目的で購入した物品
貸 付 金：金銭を貸し付けたときに生じる債権
建　　　物：店舗・倉庫など
車両運搬具：営業用の車両・トラックなど
備　　　品：事務机・複合機など
土　　　地：店舗・駐車場の敷地など

01) 代金を後でまとめて支払う（受け取る）約束のことです。

負債の勘定科目

買 掛 金：商品を掛けで購入したときに生じる債務
借 入 金：金銭を借り入れたときに生じる債務

純資産（資本）の勘定科目

資 本 金：事業を開始したときの出資額（元手）

収益の勘定科目

○○収入：○○（管理費・会費など）を受け取ったときの収益
商品販売益：販売した商品の売価と原価の差額（儲け）
役務収益：サービスを提供したときの収益
受取利息：普通預金・貸付金に対する利息を受け取ったときの収益

費用の勘定科目

給料：従業員に支払う給料
広告費：広告に掛かった費用
発送費：商品の発送に掛かった費用
旅費：出張に掛かった費用
交通費：通常業務の移動に掛かった費用
通信費：切手代・電話代などの通信に掛かった費用
水道光熱費：水道代・電気代・ガス代などの費用
消耗品費：コピー用紙などの消耗品に掛かった費用
修繕費：建物などの修繕に掛かった費用
支払家賃：事務所の賃料などの費用
支払地代：駐車場代などの費用
保険料：火災保険料などの費用
雑費：茶菓子代などの少額の支払いに掛かった費用
支払利息：借入金に対する利息を支払ったときの費用

3 ＜ 取引には２つの側面がある

「銀行からお金 ¥300 を借りた」という取引について考えてみましょう。まず、資産であるお金（＝現金）が増えています。その一方で、負債である借入れ（＝借入金）も増えています。

また、「お金 ¥200 を使って広告した」という取引では、広告費という費用が増えて、現金という資産が減っています。

このように１つの取引は必ず、２つの側面 [01] を持つものなのです。

簿記では、**取引を２つの側面で捉え、勘定科目を用いて記録を行います。**そして、この取引を記録する方法を『**仕訳**』といいます。

01) 原因と結果という言い方をする人もいます。

4 ＜ 仕訳の基本形は１対１

では、「銀行から現金 ¥300 を借りた」という取引で仕訳のかたちを見てみましょう。

（借）	現 金	300	（貸）	借 入 金	300

簿記では**左側**を『借方（かりかた）』、**右側**を『貸方（かしかた）』といい [01]、仕訳の左右にある（借）（貸）は、借方と貸方を示しています [02]。

左　側	右　側
借　方	**貸　方**
かり かた	か　かた

「り」と「し」を伸ばして覚えよう! [03]

01) 借りる・貸す、という言葉の意味との関連は考えないでください。単に左側を借方、右側を貸方といっているにすぎません。

02) 貸借対照表や損益計算書でも左側を借方、右側を貸方といいます。

03) 「かりかた」「かしかた」の唯一異なる文字の「り」と「し」を使って覚えましょう。

5 ＞ ホームポジション側で増える

まず「現金」「借入金」といった勘定科目を記入し、最後に金額を記入します。

「現金」は資産ですから借方（左側＝資産のホームポジション側）で増え、「借入金」は負債ですから貸方（右側＝負債のホームポジション側）で増えます。

つまり、**資産・負債・純資産（資本）・収益・費用を増やそう**と思えば、それぞれの**ホームポジション側**に記入することになります。

したがってこの仕訳で、「資産である現金が￥300増えた」「負債である借入金が￥300増えた」ということを表しているのです[01] [02]。

6 ＞ ホームポジションの逆側で減る

仕訳の例をもう1つあげてみましょう。「現金￥200を支払って広告した」という仕訳です。

（借）広　告　費	200	（貸）現　　　　金	200

さて、この仕訳では借方（左側＝費用のホームポジション側）で「費用である広告費が￥200増えた」ということを意味しています。

これに対し、資産である現金が貸方（右側＝資産のホームポジションの逆側）で「資産である現金が￥200減った」ということを意味しています。

つまり、**資産・負債・純資産（資本）・収益・費用を減らそう**と思えば、それぞれの**ホームポジションの逆側**に記入することになります。

01) 取引は資産、負債、純資産（資本）、収益、費用のうち、2つに変化をもたらします。ただし、同じものが2つということもあります。
（例 現金が減って、普通預金が増える）
02) 右側も左側も増える仕訳を練習しておきましょう。
例）商品を￥10で仕入れ、代金はまだ支払っていない。
（商　品）10
　（買掛金）10
⇒資産（商品）も負債（買掛金）も増えます。

＊テキストの側注では、上記の形で仕訳を示します。

したがって、資産のホームポジションは借方（左側）ですが、それを**逆側の貸方（右側）**に書くことによって「**資産が減った**」ということを示しているのです。

ですからこの仕訳は、「資産である現金が ¥200 減って、費用である広告費が ¥200 発生した＝現金 ¥200 を支払って広告した」ということを意味します[01] [02]。

01) 片側で増えて、逆側で減る仕訳を練習しておきましょう。
例）土地を ¥10 で購入し、代金は現金で支払った。
（土　地）10
　　（現　金）10
⇒土地（資産）が増え、現金（資産）が減ります。

02) 両側とも減ることもあります。
例）借入金 ¥10 を現金で返済した。
（借入金）10
　　（現　金）10
⇒借入金（負債）も現金（資産）も減ります。

7 借方と貸方の金額は必ず一致する

「¥300 借りたから現金が ¥300 増えた」「¥200 の現金を支払って広告したから広告費は ¥200」というのは当然のことでしょう。ですから、仕訳では必ず「借方と貸方の金額が一致する」ということになります。これは**仕訳の重要なルールです**[01]。

01) 貸借一致の原則といいます。

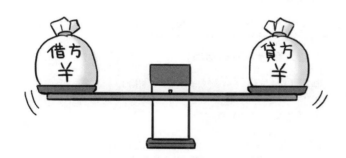

この仕訳を積み重ねたものが、最終的に貸借対照表と損益計算書にまとめられるので、当然に**貸借対照表と損益計算書**の、それぞれの**借方の合計金額と貸方の合計金額**も一致することになります。

8 今いくら残っている？　それが「残高」

現金 ¥300 を借りてきて、¥200 使いました。すると残っているのは ¥100。この ¥100 を簿記では『**残高**』[01] と呼んでいます。ですから、このときの借入金の残高は ¥300、広告費の残高は ¥200 ということになります。

01) その時点で残っている金額を意味しています。

借　入　金	現　　　　金		広　告　費
	300	200	200
300			
↑		∴残高 100	↑
残高			残高

9 現金の仕訳に挑戦

　現金は資産の項目ですから増加した（受け取った）ときは、現金勘定の借方側（左側）に記入し、逆に減少した（支払った）ときは現金勘定の貸方側（右側）に記入します。

以下の7つの取引を仕訳してみましょう。
例1）現金 ¥1,000 を元入れして（出資して）お店の営業を開始した。
例2）備品を現金 ¥400 で購入した。
例3）現金 ¥300 を借り入れた。
例4）広告費 ¥200 を現金で支払った。
例5）通信費 ¥100 を現金で支払った。
例6）現金 ¥500 を普通預金口座に預け入れた。
例7）商品 ¥800 を現金で仕入れた。

仕訳は以下のようになります[01]。
例1）「現金 ¥1,000 の増加」と「資本金 ¥1,000 の増加」

（借）現	金	1,000	（貸）資 本 金	1,000

例2）「備品 ¥400 の増加」と「現金 ¥400 の減少」

（借）備	品	400	（貸）現 金	400

例3）「現金 ¥300 の増加」と「借入金 ¥300 の増加」

（借）現	金	300	（貸）借 入 金	300

例4）「広告費 ¥200 の発生」と「現金 ¥200 の減少」

（借）広 告 費	200	（貸）現 金	200

例5）「通信費 ¥100 の発生」と「現金 ¥100 の減少」

（借）通 信 費	100	（貸）現 金	100

例6）「普通預金 ¥500 の増加」と「現金 ¥500 の減少」

（借）普 通 預 金	500	（貸）現 金	500

例7）「商品 ¥800 の増加」と「現金 ¥800 の減少」

（借）商	品	800	（貸）現 金	800

01）現金の増加・減少に着目しましょう。仕訳の詳しい内容は、これから学習します。

よく「仕訳ができないと簿記はできるようにならない」といわれます。
一面の真実のある言葉ですが、ここでは少々わからないものがあっても気にしないで先に進んでください。

10 < 1対多の仕訳もある

　これまでは、借方1項目、貸方1項目の基本形の仕訳を見てきましたが、**借方2項目に対して貸方1項目**といった複合的な取引になることがあります。

　例）水道光熱費￥200と家賃￥800の合計￥1,000を現金で支払った。

　この取引を考えてみると、次のように分けることができます。

　「水道光熱費￥200の発生」と「支払家賃￥800の発生」

　　→費用の発生（借方2項目）

　「現金￥1,000の減少」

　　→資産の減少（貸方1項目）

　したがって、仕訳は以下のとおりです。

| （借） | 水 道 光 熱 費 | 200 | （貸） | 現　　　　金 | 1,000 |
| | 支 払 家 賃 | 800 | | | |

　なお、借方2項目は、勘定科目と金額が対応していれば、**記入順序を入れ替えても OK** です。

| （借） | 支 払 家 賃 | 800 | （貸） | 現　　　　金 | 1,000 |
| | 水 道 光 熱 費 | 200 | | | |

　また、このように勘定科目が複数になる場合でも、借方の（合計）金額と貸方の金額は一致します。

Chapter 1
Chapter 2
Chapter 3
Chapter 4
Chapter 5
Chapter 6
Chapter 7
Chapter 8
Chapter 9
Chapter 10
Chapter 11
Chapter 12

帳簿に記入すべき出来事を簿記会計では"取引"という。次の出来事の中で簿記上の取引となるものには〇、ならないものには×を記入しなさい。

1．事務所で管理していた現金のうち¥2,000 を紛失していることが判明した。

2．新商品の展開にあたり、広告を行うため、広告代理店と広告契約（契約金額 ¥500,000）を結んだ。

3．事務所で使用しているプリンターを入れ替えるため、電気店に新しいプリンター （見積額¥180,000）を注文した。

4．特売日の新聞の朝刊に、折込みチラシによる広告を行うため、広告料¥100,000 を現金で支払った。

5．事務所で業務に使用するパソコン¥130,000 を購入し、代金は現金で支払った。

解　答

1	2	3	4	5
〇	×	×	〇	〇

解　説

1．現金（資産）が減少しているため、簿記上の取引となります。

2．広告契約を結んだだけであり、現金等の資産の増減がないため、簿記上の取引とはなりません。

3．注文をしただけであり、現金等の資産の増減がないため、簿記上の取引とはなりません。

4．広告費（費用）の発生とともに、現金（資産）が減少しているため、簿記上の取引となります。

5．備品（資産）の増加とともに、現金（資産）が減少しているため、簿記上の取引となります。

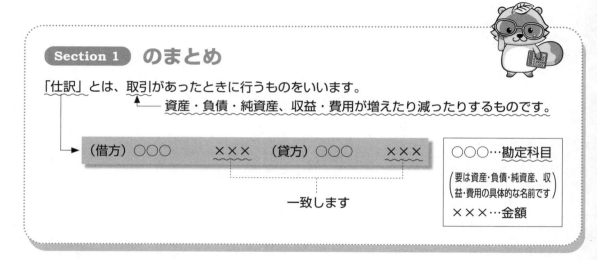

Section 1　のまとめ

「仕訳」とは、取引があったときに行うものをいいます。
　　　　　　　　　← 資産・負債・純資産、収益・費用が増えたり減ったりするものです。

（借方）○○○　　　×××　（貸方）○○○　　　×××

一致します

○○○…勘定科目

要は資産・負債・純資産、収益・費用の具体的な名前です

×××…金額

Chapter 3

現金と預金

現金と預金　　　　　　重要度レベル ★★★★☆

現金と預金

　現金取引が頻繁に行われると、「いつ、何に使ったのか」って覚えきれないですね。

　そこで、簿記では現金の収入・支出を管理するための帳簿（現金出納帳）を使って、現金取引が行われるたびに取引の明細を記録します。

　みなさんは普通預金口座を開設していますか？

　企業でも普通預金口座を開設して、現金の預入れ・引出しを行っていますし、普通預金口座を通じて代金の受取り・支払いも行っています。また、普通預金口座に預けていると利息をもらえますね。

　この Chapter では、現金と預金（普通預金）に関する取引について見ていきます。

現金と預金

<ruby>現<rt>げん</rt>金<rt>きん</rt></ruby>と<ruby>預<rt>よ</rt>金<rt>きん</rt></ruby>

重要度レベル ★★★★☆

はじめに

みなさんは家計簿をつけていますか？

家計簿では主に現金の収入・支出について記録しますね。同じように企業においても、帳簿（現金出納帳）で現金の収入・支出を記録します。

1 現金

簿記上の取引において、『<ruby>現<rt>げん</rt>金<rt>きん</rt></ruby>』[01] を受け取ったときは現金勘定（資産）の増加、現金で支払ったときは現金勘定（資産）の減少として処理します。

現　　　金[02]

（＋）	（－）
増　加	減　少

借方残高

01) 基礎簿記会計では、現金の範囲を通貨（紙幣・硬貨）のみとして扱います。

02) 現金勘定は資産の勘定なので、増加したときは借方、減少したときは貸方に記入します。
また、現金勘定は通常、借方残高となります。

2 現金取引の処理

現金取引の処理では、(1)現金を受け取ったとき、(2)現金で支払ったとき、の2つに注意してください。

(1)現金の受取時 ➡ (2)現金の支払時

(1)受取時

例1-1

銀行から現金 ¥50,000 を借り入れた。

（借）現	金	50,000	（貸）借 入 金	50,000

(2)支払時

例1-2

銀行から借り入れていた ¥50,000 を現金で返済した。

（借）借 入 金	50,000	（貸）現	金	50,000

3 < 現金出納帳

『現金出納帳』とは、現金に関する取引のみを記録するための帳簿です。

❶ 摘要欄といいます　　❷ 収入欄・支出欄といいます　　❸ 残高欄といいます

現 金 出 納 帳

×1年		摘　　要	収　入	支　出	残　高
6	1	前 月 繰 越	380,000		380,000
	2	商 品 の 仕 入 れ		120,000	260,000
	6	預 金 預 入 れ		100,000	160,000
	12	売 掛 金 回 収	200,000		360,000
	26	家 賃 の 支 払 い		32,000	328,000
	29	預 金 引 出	70,000		398,000
	30	次 月 繰 越		398,000	
			650,000	650,000	
7	1	前 月 繰 越	398,000		398,000

❹ 月末の残高を記入します

◆記入のしかた

❶ 摘要欄に取引内容を、「回収」「預入れ」など簡単に記入します。

❷ 現金の増加は収入欄に、現金の減少は支出欄に記入します。

❸ 残高欄に残高を記入します。

❹ 月末残高を支出欄に記入することで、収入欄と支出欄の合計金額を一致させます。

4 ▷ 普通預金

『普通預金』は、現金の預入れ・引出しが自由にできる預金口座で、預入期間に応じて**利息を受け取る**ことができます。

普通預金口座に預け入れたときは**普通預金勘定（資産）の増加**、普通預金口座から引き出したときは**普通預金勘定（資産）の減少**として処理します。

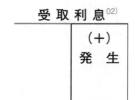

01) 普通預金勘定は資産の勘定なので、増加したときは借方、減少したときは貸方に記入します。
また、普通預金勘定は通常、借方残高となります。

また、利息を受け取ったときは**受取利息勘定（収益）の増加（発生）**として処理します。

受　取　利　息[02]

	（＋）
	発　生

02) 受取利息勘定は収益の勘定なので、増加（発生）したときは貸方に記入します。

5 ▷ 普通預金取引の処理

普通預金取引の処理では、(1)普通預金口座に預け入れたとき、(2)利息を受け取ったとき、(3)普通預金口座から引き出したときの３つに注意してください。

(1)預入時

例1-3
現金￥50,000を大阪銀行の普通預金口座に預け入れた。

| （借）普通預金 | 50,000 | （貸）現 金 | 50,000 |

(2)利息受取時

例1-4
大阪銀行の普通預金口座に預けた￥50,000に対する利息￥50が普通預金口座に振り込まれた。

| （借）普通預金 | 50 | （貸）受取利息 | 50 |

(3)引出時

例1-5
大阪銀行の普通預金口座から現金￥1,000を引き出した。

| （借）現 金 | 1,000 | （貸）普通預金 | 1,000 |

現金と預金の処理 　**次の取引について仕訳を行いなさい。**

(1)　現金￥100,000を取引銀行の普通預金口座に預け入れた。

(2)　取引銀行に預け入れている普通預金に利息￥100が発生し、普通預金口座に入金された。

(3)　取引銀行の普通預金口座から現金￥20,000を引き出した。

(1)	（借）普通預金	*100,000*	（貸）現 金	*100,000*
(2)	（借）普通預金	*100*	（貸）受取利息	*100*
(3)	（借）現 金	*20,000*	（貸）普通預金	*20,000*

 のまとめ

現　金 ──→ 通貨 ｛ ・紙幣
　　　　　　　　　　・硬貨

↓

現金出納帳
に記録

預　金

(1)預　入　時　　（借）普通預金 100 （貸）現　　金 100

(2)利息受取時　　（借）普通預金 10 （貸）受取利息 10

(3)引　出　時　　（借）現　　金 20 （貸）普通預金 20

Chapter 4

商品売買

Section1	分記法	重要度レベル ★★★★☆
Section2	掛取引	重要度レベル ★★★★☆

ココがPOINT!

『商品も資産の仲間』

　現金は増えれば借方、減れば貸方に記入されます。

　商品も同じ資産の仲間ですから、購入して（仕入れて）増えれば借方に記入しますし、販売して（売り上げて）減れば貸方に記入します。

　現金との違いは、販売は通常、原価に利益を加えた値段で行うので、利益部分が商品販売益となることです。

　商品売買の基礎となる重要なところです。がんばっていきましょう。

分記法

はじめに

あなたは、知り合いの税理士さんから「取引量が少ないなら分記法を使ったらどうですか?」と言われました。

ここでは、原価￥800 の商品を￥1,000 で販売した場合の分記法について見ていきましょう。

1 < 分記法とは

『分記法』[01] とは、商品を仕入れたときは**資産の増加**として、**商品勘定（資産）**の**借方**に記入し、これを販売したときは**資産の減少**として、その商品の仕入原価を**貸方**に記入します。

このさい、**販売価格と仕入原価との差額**を、商品販売益勘定（**収益**）の**貸方**に記入します。

01) 商品を原価と販売益の 2 つに分けて記帳する方法です。

02) 商品の販売価格（売価）は、仕入原価（原価）と商品販売益（利益）の合計です。

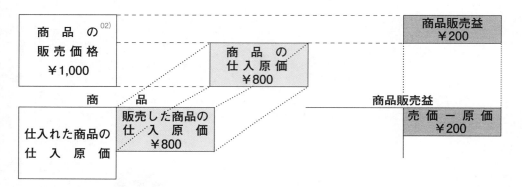

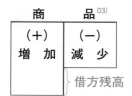

03) 商品勘定は資産の勘定なので、増加したときは借方、減少したときは貸方に記入します。
また、商品勘定は通常、借方残高となります。

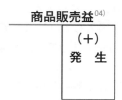

04) 商品販売益勘定は収益の勘定なので、増加（発生）したときは貸方に記入します。

2 商品売買の処理

分記法の処理については、(1)商品を仕入れたとき、(2)商品を販売したときに注意してください。

(1)仕入時

例1-1

松山商店より商品¥800を現金で仕入れた。

商品を仕入れたときは、商品勘定（資産）の**借方**に記入します。

（借）商 品	800	（貸）現 金	800

(2)販売時

例1-2

商品¥800をアテネ商店に現金¥1,000で販売した。

商品を販売したときは、その商品の原価を商品勘定（資産）の**貸方**に記入して減少させ、販売価格と仕入原価の差額を商品販売益勘定（収益）の**貸方**に記入します。

（借）現 金	1,000	（貸）商 品	800
		商 品 販 売 益	200

Section 1 のまとめ

☆分記法とは、商品を仕入れたときは商品勘定の借方に記入し、販売したときは商品勘定の貸方に記入し、販売価格と仕入原価との差額を商品販売益勘定の貸方に記入する方法です。

■仕 入 時　（借）商 品 ×××　（貸）現 金 ×××
　　　　　　　　　　　┗資産の増加

■販 売 時　（借）現 金 ×××　（貸）商 品 ×××
　　　　　　　　　　　　　　　　　┗資産の減少
　　　　　　　　　　　　　　　 商 品 販 売 益 ×××
　　　　　　　　　　　　　　　　　┗収益の発生

掛取引
かけとりひき

重要度レベル ★★★★☆

はじめに

あなたの経営する雑貨店の仕入先に松山商店があります。これまでは商品を仕入れるたびに現金で支払っていました。しかし、頻繁に商品を仕入れているため、代金の精算が煩雑になってきました。

そこで、あなたは「代金は月末にまとめて精算させてもらえませんか」と松山商店に提案し、了解を得たので早速商品を購入しました。この場合、どのような処理を行えばよいのでしょうか？

1 掛取引

商品を売買する時点では代金を精算せず、1カ月間の取引額を合計し、まとめて精算する取引を『掛取引』といいます。このときに、**商品代金を仕入先に一時的に借りていることになるので、負債の勘定である買掛金勘定**
かいかけきん
定（負債）を用いて処理します。

このようにすると、販売のたびに現金で精算するという手間を省くことができます。

「お代はツケておいて」などといいますが、これは「後で払います」というのと同じ意味ですね。つまりツケ＝掛けと覚えてください。

01) 買掛金勘定は負債の勘定なので、増加したときは貸方、減少したときは借方に記入します。
また、買掛金勘定は通常、貸方残高となります。

2 掛仕入の処理

掛取引の処理については、(1)商品を掛けで仕入れたとき、(2)月末に掛代金を支払ったとき、の2つに注意してください。

(1) 掛仕入時

例2-1

松山商店より1個あたり￥5,000の商品10個を掛けで仕入れた。

　商品を掛けで仕入れた場合に、**買掛金勘定（負債）の増加**として処理します。これは期日に代金￥50,000を支払う義務が生じたからです[01]。

| （借）商　　　品 | 50,000 | （貸）買　掛　金 | 50,000 |

01） もちろん、このときに商品も計上します。

「商品を仕入れたけど、代金は後で支払います」というのですから、買掛金は負債です。

(2) 月末支払時（決済時）

例2-2

月末に買掛金￥50,000を現金で支払った。

　支払期日となり、掛代金を支払った場合には**買掛金勘定（負債）の減少**として処理します。

| （借）買　掛　金 | 50,000 | （貸）現　　　　金 | 50,000 |

3 ＜ 掛売上の処理

　では逆に、商品を掛けで売り上げた、仕入先・松山商店の処理はどのようになるのでしょうか。松山商店では商品の掛売上によって代金を期日に受け取る権利が生じるので、売掛金勘定（**資産**）を用いて処理します。

　なお、(1)商品を掛けで売り上げたとき、(2)月末に掛代金を受け取ったとき、の２つに分けて処理を考えます。

01） 売掛金勘定は資産の勘定なので、増加したときは借方、減少したときは貸方に記入します。
　　また、売掛金勘定は通常、借方残高となります。

「商品を売ったけど、代金は後で受け取ります」というのですから、売掛金は資産です。

(1) 掛売上時

　商品を掛けで売り上げた場合に、**売掛金勘定（資産）の増加**として処理します[02]。

02） もちろん、このときに商品販売益も計上します。

例2-3

松山商店は、1個あたり¥4,000で仕入れた商品10個を¥50,000で販売し、代金は掛けとした。

(借) 売　掛　金	50,000	(貸) 商　　　　　品	40,000
		商 品 販 売 益	10,000

(2)月末受取時（決済時）

　期日となり掛代金を現金で受け取った場合には、**売掛金勘定（資産）の減少**として処理します。

例2-4

松山商店は、得意先からの売掛金¥50,000を現金で回収した。

(借) 現　　　　　金	50,000	(貸) 売　掛　金	50,000

掛取引の処理　次の取引について長崎商店と大阪商店の仕訳をしなさい。

6.12　長崎商店は大阪商店に商品¥500,000（仕入原価¥400,000）を売り上げ、代金は掛けとした。

6.30　月末につき、大阪商店は長崎商店に今月分の掛代金¥500,000を現金で支払った。

長崎商店の仕訳

6.12	(借) 売　掛　金	500,000	(貸) 商　　　　　品	400,000
			商 品 販 売 益	100,000
6.30	(借) 現　　　　　金	500,000	(貸) 売　掛　金	500,000

大阪商店の仕訳

6.12	(借) 商　　　　　品	500,000	(貸) 買　掛　金	500,000
6.30	(借) 買　掛　金	500,000	(貸) 現　　　　　金	500,000

Section 2　のまとめ

☆掛取引……商品を売買する時点では代金を精算せず、まとめて精算する取引

（掛仕入）	(借) 商　　　　　品 ×××	(貸) 買　掛　金 ×××
（掛売上）	(借) 売　掛　金 ×××	(貸) 商　　　　　品 ×××
		商 品 販 売 益 　××

Chapter 5

貸付金と借入金

Section1 貸付金と借入金 　　　　　　　重要度レベル ★★★☆☆

お金の貸し借り

　あなたが誰かからお金を借りたとしましょう。あなたは借用証書を作って、貸してくれた相手に渡すことになります。

　そしてお金を返したときに、借用証書も返してもらいます。

　その間、相手は借用証書を保管しており、誰かに売却したりすることはありません。

　この Chapter では、借用証書を作成したお金の貸し借りについて見ていきましょう。

貸付金と借入金
かしつけきん　かりいれきん

重要度レベル ★★★☆☆

はじめに

商品を大量に仕入れたため、資金が底をついています。そこで、知り合いの尾道商店の尾道氏に資金の融資を頼んだところ、「わかったよ。じゃあ、借用書を作ってくれ」と言われました。
あなたはどのような処理をすればよいのでしょうか？

1 貸付金と借入金

借用証書を作成して資金を借り入れたときは、借入金勘定（負債）を用いて処理します。また、貸主は貸付金勘定（資産）で処理します。

01）借入金勘定は負債の勘定なので、増加したときは貸方、減少したときは借方に記入します。
また、借入金勘定は通常、貸方残高となります。

02）貸付金勘定は資産の勘定なので、増加したときは借方、減少したときは貸方に記入します。
また、貸付金勘定は通常、借方残高となります。

また、借入れに対する利息を支払ったときは、支払利息勘定（費用）の増加（発生）として処理します。

03）支払利息勘定は費用の勘定なので、増加（発生）したときは借方に記入します。

2 借入の処理

借入の処理では、(1)借用証書を作成して借り入れたとき、(2)借入金を返済したとき、の2つに注意してください。

(1)借入時

例 1-1

尾道商店から利息は元金返済時に支払うことを条件に¥100,000を借り入れ、借用証書を作成して渡して現金を受け取った。

借用証書を作成して資金を借り入れたときには、**借入金勘定（負債）の増加**として処理します。これは、返済期日には¥100,000を返済しなければならないことを示しています。

（借）現　　　　金	100,000	（貸）借　入　金	100,000

(2)返済時

例 1-2

本日、借入金の支払期日となり、借入金¥100,000と利息¥5,000を現金で返済した。

借入金を返済したときには、**借入金勘定（負債）の減少として処理**します。

（借）借　入　金	100,000	（貸）現　　　　金	105,000
支　払　利　息	5,000		

❸ 貸主（尾道商店）の処理

貸主である尾道商店の処理はどのように行うのでしょうか。この場合に貸主である尾道商店は**貸付金勘定（資産）**を用いて処理します。

例 1-3

尾道商店は利息は元金返済時に受け取ることを条件に¥100,000を貸し付け、借用証書を受け取り、現金を渡した。

（借）貸　付　金	100,000	（貸）現　　　　金	100,000

例 1-4

本日、貸付金の回収期日となり、貸付金¥100,000と利息¥5,000を現金で回収した。

（借）現　　　　金	105,000	（貸）貸　付　金	100,000
		受　取　利　息	5,000

貸付金・借入金の処理 次の一連の取引について徳島商店と高知商店の仕訳を行いなさい。

5.1 徳島商店は高知商店から、資金¥2,500,000 の融資の要請を受け、利息は元金返済時に受け取る条件で、借用証書を受け取り、徳島商店の普通預金口座から高知商店の普通預金口座に振り込んだ。

10.31 徳島商店は、さきに高知商店に貸し付けた¥2,500,000 の返済を受け、利息¥75,000 とともに現金で受け取った。

解答

徳島商店の仕訳

5.1	（借）貸　付　金	2,500,000	（貸）普　通　預　金	2,500,000
10.31	（借）現　　　　金	2,575,000	（貸）貸　付　　金	2,500,000
			受　取　利　息	75,000

高知商店の仕訳

5.1	（借）普　通　預　金	2,500,000	（貸）借　入　　金	2,500,000
10.31	（借）借　入　　金	2,500,000	（貸）現　　　　金	2,575,000
	支　払　利　息	75,000		

Section 1 のまとめ

☆借入金・貸付金は、借用証書を作成して資金の借入れ・貸付けを行う場合に用いる勘定科目です。

	借　入　時	返　済　時
借主	（借）現　　金 ×××（貸）借 入 金 ×××	（借）借 入 金 ×××（貸）現　　　金 ××× 　　　支 払 利 息　　×
貸主	（借）貸 付 金 ×××（貸）現　　金 ×××	（借）現　　　金 ×××（貸）貸 付 金 ××× 　　　　　　　　　　　　受 取 利 息　　×

Chapter 6

有形固定資産

固定資産とは？

　商売をするうえで、大切なものの一つに売り物である商品があ
りますが、それだけではありません。営業用の店舗や事務用の
机やいす、自動車など（これらを有形固定資産といいます）が必
要です。
　この Chapter では有形固定資産を取得した場合の処理につい
て見ていきましょう。

有形固定資産
ゆうけい こ てい し さん

はじめに

あなたのお店には、土地、建物、パソコンなどがあります。これらの資産は有形固定資産といいます。

数日前にお店用のエアコンを購入したあなたは、帳簿に仕訳をするさい、金額をいくらにしたらよいのかわからなくなりました。エアコン自体の代金は当然として、一緒に支払った据え付け費はどうしたらよいのでしょう。

1 > 有形固定資産とは

営業用の**土地**、店舗・倉庫などの**建物**、椅子・机・コンピュータなどの**備品**、配達用のトラックなどの**車両**のように**長い期間、営業に使用するために所有する資産**[01]を『有形固定資産』といいます。

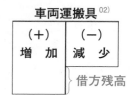

01) 固定資産は、販売を目的としたものではありません。
販売を目的とすると、商品となります。したがって不動産会社にとって土地は商品です。

02) 有形固定資産の各勘定は資産の勘定なので、増加したときは借方、減少したときは貸方に記入します。
また、有形固定資産の各勘定は通常、借方残高となります。

2 ＜ 有形固定資産の購入時の処理

　有形固定資産の処理では、⑴購入したとき、⑵決算のとき、の2つに注意が必要ですが、基礎簿記会計では購入した時の処理について見ていきます。

例 1-1

×1年1月1日に業務用パソコンを ¥290,000 で購入し、代金を送料 ¥10,000 とともに現金で支払った。

　有形固定資産を購入したときには、その有形固定資産の名称をつけた勘定で処理します。このときには、**備品勘定（資産）の増加**として処理します。なお、購入に伴う手数料等の諸費用[01] も備品勘定に含めるため、備品勘定には ¥300,000[02] と記入します。

（借）備	品	300,000	（貸）現	金	300,000

01) この諸費用のことを「付随費用（ふずいひよう）」といいます。有形固定資産が使用できるまでにかかる費用のことで、送料の他に手数料や据付費、登記料や試運転費などがあります。なお、「付随費用」は取得原価に含めます。

02) この金額を「取得原価（しゅとくげんか）」といい、次のように計算します。
取得原価＝購入代価（パソコン本体価格）＋付随費用（送料など）

有形固定資産の処理　**次の各取引について仕訳を行いなさい。**

× 1.1.1　建物 ¥2,850,000 を購入し、購入代価および仲介手数料 ¥150,000 は現金で支払った。

× 1.7.14　営業用自動車 ¥2,300,000 を購入し、購入代価および登録費用など ¥200,000 を現金で支払った。

× 1.1.1	（借）建　　　　　物	3,000,000	（貸）現	金	3,000,000
× 1.7.14	（借）車 両 運 搬 具	2,500,000	（貸）現	金	2,500,000

Section 1 のまとめ

☆有形固定資産は、土地、建物、備品、車両のように長い期間、営業に使用するために所有する資産をいいます。

取得原価 ＝ 購入代価 ＋ 付随費用

資産の増加

■購　入　時　　（借）備　　　　　品　×××　（貸）現　　　　金　×××

Chapter 7

資本金と引出金

| Section1 | 資本金と引出金 | 重要度レベル ★★★☆☆ |

資本金と引出金

　個人事業主がお店（商品売買業など）を開業するときは、自己資金として現金を出資し、家計とお店の財産を明確に区別します。そのため、個人事業主がお店のお金や商品を私用で使ったときは、帳簿にしっかり記録する必要があります。

　このChapterでは、個人事業主がお店を開業したとき、お店のお金や商品を私用で使った場合の処理について見ていきましょう。

資本金と引出金

はじめに

これまでいろいろな処理について見てきましたが、そもそも、お店を開業したときはどのように処理するのでしょうか？たしか、現金を元手にお店を開業したはず。

ここでは、資本の元入れ・資本の引出しについて見ていきます。

1 ＞ 資本金

個人事業主がお店を開業するときは、自己資金として現金を出資し、**家計とお店の財産を明確に区別します**[01]。

自己資金として現金を出資した場合には、**資本金勘定（純資産）**を用いて処理します。

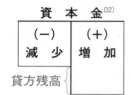

資 本 金[02]

（－） 減 少	（＋） 増 加

貸方残高 {

01) 現金だけでなく、建物・備品などの現物出資をすることもあります。

02) 資本金勘定は純資産（資本）の勘定なので、増加したときは貸方、減少したときは借方に記入します。
また、資本金勘定は通常、貸方残高となります。

例 1-1

自己資金として、現金 ¥200,000 を出資し、雑貨店を開業した。

（借）現　　　　金　200,000　（貸）資　本　金　200,000

資　本　金

	¥200,000

2 ＞ 引出金

個人企業では、店主（ここではあなた）が店の現金や商品を私用に使うことがあります（例えば、魚屋さんが店の魚を家で食べる場合など）[01]。このような場合[02]には、**引出金勘定〔資本金勘定をマイナスする勘定〕**を用いて処理します。

引 出 金[03]

01) サラリーマンはマネしないでください。捕まります。

02) これ以外にも、店主の個人的な支出をお店のお金で支払った場合なども該当します。

03) 引出金勘定は、資本金勘定をマイナスする勘定なので、資本金が減少するときは借方に計上します。

3 引出金の処理

引出金の処理では、(1)店の現金や商品を私用で引き出したとき、(2)決算になって引出金を精算したとき、の2つに注意してください。

(1)引出時

例1-2
店舗の現金¥75,000 を私用で使った。

店の現金や商品を私用で使ったときには、**引出金勘定を借方に記入します** [01]。

> **01)** 引出金勘定を用いない場合には、資本金勘定を直接マイナスします。
> （資本金）75,000
> 　（現　金）75,000

| （借）引　出　金 | 75,000 | （貸）現　　　金 | 75,000 |

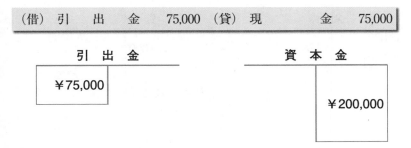

(2)決算時

例1-3
上記の取引の後、決算となり、引出金は資本金を減少させる形で整理した。

引出金は決算日に**資本金（純資産）の減少**として処理します。このときには、**引出金勘定の貸方**に記入します。

| （借）資　本　金 | 75,000 | （貸）引　出　金 | 75,000 |

この処理により、決算終了時点で、引出金勘定の残高は0になります。

引出金の処理 次の一連の取引の仕訳をしなさい。

① 店主が、現金 ¥80,000 と原価 ¥68,000 の商品を私用で消費した。

② 電気料金 ¥60,000 現金で支払った（このうち $\frac{1}{2}$ は店主個人用住宅部分に対するもの）。

③ 決算をむかえた。引出金は資本金を減少させる形で整理した。

①	（借）引　出　金	148,000	（貸）現　　　　金	80,000
			商　　　　品	68,000
②	（借）水 道 光 熱 費	30,000	（貸）現　　　　金	60,000
	引　出　金	30,000		
③	（借）資　本　金	178,000	（貸）引　出　金	178,000

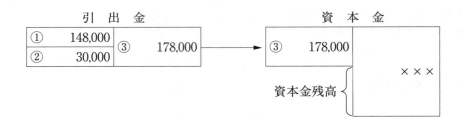

Section 1 のまとめ

☆引出金…店主が私用で店のものを使った場合に、一時的に使う勘定です。引出金は資本をマイナスする勘定です。

引出時	決算時
（借）引 出 金 ×××（貸）現　　金 ×××	（借）資 本 金 ×××（貸）引 出 金 ×××

Chapter 8

費用と収益

Section1	**費用の支払い**	重要度レベル ★★★★☆
Section2	**収益の受取り**	重要度レベル ★★★☆☆

その他の収益・費用

商売をしていくと利息の受取りや水道・ガス・電気代の支払いなどたくさんあります。

これらの収益と費用は受取り時（支払い時）に受取額（支払額）で計上するのが基本となります。ここでは基本となる会計処理をおさえましょう。

費用の支払い

ひ よ う　　　　し はら

はじめに

貸店舗を借りて商売しているあなたは毎月家賃を支払います。結構重い負担です。これだけではありません。他にも給料や広告料など商売をしているからこその支払いもあります。いったいどのようなものがあり、どのように処理をすればよいのでしょうか。

1 ＜ 費用の勘定

　払ったら返ってこないものが費用で、費用の勘定には次のようなものがあります。

```
        給      料                広  告  費
    ┌──────┬──────┐        ┌──────┬──────┐
    │（＋）│      │        │（＋）│      │
    │発  生│      │        │発  生│      │
    │      │      │        │      │      │
    └──────┴──────┘        └──────┴──────┘

        発  送  費                旅      費
    ┌──────┬──────┐        ┌──────┬──────┐
    │（＋）│      │        │（＋）│      │
    │発  生│      │        │発  生│      │
    │      │      │        │      │      │
    └──────┴──────┘        └──────┴──────┘

        交  通  費                通  信  費
    ┌──────┬──────┐        ┌──────┬──────┐
    │（＋）│      │        │（＋）│      │
    │発  生│      │        │発  生│      │
    │      │      │        │      │      │
    └──────┴──────┘        └──────┴──────┘

        水道光熱費                消  耗  品  費
    ┌──────┬──────┐        ┌──────┬──────┐
    │（＋）│      │        │（＋）│      │
    │発  生│      │        │発  生│      │
    │      │      │        │      │      │
    └──────┴──────┘        └──────┴──────┘

        修  繕  費                支  払  家  賃
    ┌──────┬──────┐        ┌──────┬──────┐
    │（＋）│      │        │（＋）│      │
    │発  生│      │        │発  生│      │
    │      │      │        │      │      │
    └──────┴──────┘        └──────┴──────┘
```

```
        支 払 地 代              保  険  料
      ┌─────────┐           ┌─────────┐
      │  （＋）  │           │  （＋）  │
      │  発  生  │           │  発  生  │
      │         │           │         │
      └─────────┘           └─────────┘

        雑      費            支 払 利 息
      ┌─────────┐           ┌─────────┐
      │  （＋）  │           │  （＋）  │
      │  発  生  │           │  発  生  │
      │         │           │         │
      └─────────┘           └─────────┘
```

　支払った内容を確認して、適切な勘定科目を選びます。いずれにしても、
増加（発生）したときは借方に記入します。

例1-1

ショーケースの修繕代金￥30,000 を現金で支払った。

（借）修　繕　費　　30,000　（貸）現　　　　金　　30,000

例1-2

電気代￥5,000 が普通預金口座から引き落とされた。

（借）水 道 光 熱 費 [01]　　5,000　（貸）普 通 預 金　　5,000

> **01)** 電気代、水道代、ガス代などはひとまとめにして水道光熱費勘定（費用）で処理します。

Section 1 **のまとめ**

費用：払ったら返ってこないもの
　　※ ○○費、支払○○という勘定科目が該当する（例外あり）

Section 2 収益の受取り

しゅうえき うけ と

重要度レベル ★★★☆☆

はじめに

収益の項目について、普通預金・貸付金に対する利息（受取利息）、商品を販売したことによる利益（商品販売益）についてみてきました。では、運送業・美容院などのようにサービスを提供したことによる収益はどのように処理をすればよいのでしょうか。

1 〉 収益の勘定

　受け取ったら返さなくていいものが収益で、収益の勘定には次のようなものがあります。

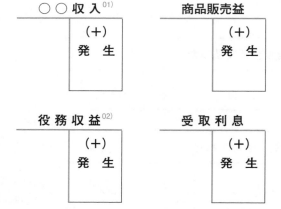

01) ○○に具体的な収入の内容が入ります。
02) サービスを提供したときの収益に用いられます。

　受け取った内容を確認して、適切な勘定科目を選びます。いずれにしても、**増加（発生）したときは貸方に記入**します。

例2-1
ＮＳ運送は、配送品の運送代金として現金￥60,000を受け取った。

| （借）現　　　　金 | 60,000 | （貸）運 送 料 収 入 | 60,000 |

例2-2
ＮＳ美容院は、ヘアカットの代金として現金￥5,000を受け取った。

| （借）現　　　　金 | 5,000 | （貸）役 務 収 益 | 5,000 |

Section 2 のまとめ

収益：受け取ったら返さなくていいもの
　　　※ ○○益、受取○○という勘定科目が該当する（例外あり）

仕訳帳と元帳

ココがPOINT!

流れをつかもう

簿記では取引があると仕訳帳に記帳し、その仕訳帳の記入面から総勘定元帳へと転記します。

この流れを "何のためにどのようにするのか" を意識して学習すると、わかりやすくなります。

頑張ってくださいね。

企業での簿記

はじめに

実際に企業で簿記を行うときは、次の流れで仕事をします。

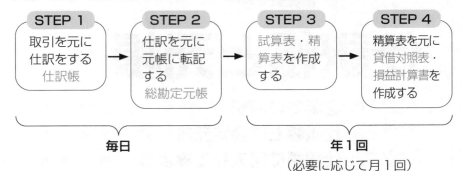

STEP 1	STEP 2	STEP 3	STEP 4
取引を元に仕訳をする 仕訳帳	仕訳を元に元帳に転記する 総勘定元帳	試算表・精算表を作成する	精算表を元に貸借対照表・損益計算書を作成する

毎日 ――――― 年1回
（必要に応じて月1回）

1 毎日の仕事

例えば、みなさんがおこづかい帳をつけていたとします。

毎日お弁当やお菓子などを買ったとき、お金を何に使ったか忘れないようにおこづかい帳に記録しておきますよね。

企業でも同じように、日々の取引を記録していきます。その記録するおこづかい帳のようなものが『仕訳帳』[01] です。

また、毎日お弁当やお菓子や本などを買ったとき、たまに「今月、本代にどのくらい使ったっけ？」と思うことはありませんか？

その時、本にいくら、お菓子にいくら…と分かれていたらわかりやすいですよね。とすると、おこづかい帳の中から本に使った分を抜き出して合計するでしょう。

企業でも同じように、仕訳帳から一定のものについて記入する帳面を作り、それに集計していきます。

この一定のものを『勘定』といい、記入する帳面を『元帳』といいます。そしてすべての『元帳』を1冊として『総勘定元帳』[02] となります。

01) 次の Section で学習します。

02) 次の Section で学習します。

取 引 → 仕訳帳 → 総勘定元帳

2 ＜ 月1回、年1回の仕事

　企業では一定期間（月1回や年1回）で、企業の収益や費用、資産や負債などがどのように増減したかを、出資者や銀行など企業の関係者に報告しなければなりません。

　そのため、企業では貸借対照表や損益計算書を作成します。これらは総勘定元帳から作成されますが、その元帳に間違いがないとも限りません。

　そこで貸借対照表や損益計算書を作成する前に『試算表<ruby>試算表<rt>しさんひょう</rt></ruby>』を作成します。そして間違いがないことを確認して『精算表<ruby>精算表<rt>せいさんひょう</rt></ruby>』を作成し、最後にこの精算表から貸借対照表や損益計算書を作成します。

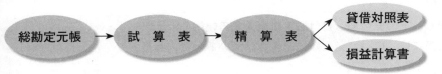

総勘定元帳 → 試　算　表 → 精　算　表 ＜ 貸借対照表 ／ 損益計算書

　それでは仕訳帳や総勘定元帳、試算表、精算表、貸借対照表、損益計算書について見ていきましょう。

　帳簿記入 次の帳簿記入について述べた文章のうち、正しいものには○、誤っているものには×を解答欄に記入しなさい。

1．特に定まった組織的な方法を用いずに、企業の経済活動を一面的に記録する方法を複式簿記という。

2．取引に関する証ひょう（領収書や納品書などの証拠書類）は、その取引を帳簿に正しく記入した後であれば、保管しておく必要はない。

3．帳簿に記入しなければならない簿記上の取引とは、資産、負債、純資産（資本）、収益および費用のいずれかが増減変化する事柄をいう。

4．簿記・会計において、帳簿等に金額を書くときには、数値の3桁（位）ごとに、位取りのカンマ（ , ）を打つ。

1	2	3	4
×	×	○	○

解　説

1．複式簿記では、組織的な方法を用いて、企業の経済活動を二面的に記録します。

2．証ひょう（領収書や納品書などの証拠書類）は、証拠として保管する必要があります。

仕訳帳と総勘定元帳

重要度レベル ★★★☆☆

はじめに

仕訳は「仕訳帳」という帳簿上で行われ、その結果が総勘定元帳の各勘定口座に転記されます。

発生したすべての取引をもれなく記帳するという意味で、この2つは主要簿[01]と呼ばれていますが、この2つの帳簿にはどのように記入するのでしょうか。

1 ＜ 仕訳帳とは

すべての取引を仕訳し、その発生順（日付順）に記入する帳簿を『仕訳帳』といいます。仕訳帳には、取引が発生順に記入されているので、**営業活動を一覧できる**という特徴をもっています。

❶「日付欄」といいます。　❷「摘要欄」といいます。　❸「元丁欄」[02]といいます。　❹「金額欄」といいます。

1 [04]

仕　訳　帳

×1年		摘　　　要		元丁	借　方	貸　方
1	1	（現　　金）		1	10,000	
			（資　本　金）	12		10,000
		本日、元入れして開業した。				
	10	（広　告　費）		18	400	
			（現　　金）	1		400
		広告費を現金で支払った。				
	15	諸　　口[03]	（現　　金）	1		1,000
		（水道光熱費）		23	200	
		（支払家賃）		26	800	
		水道光熱費と家賃を現金で支払った。				

❻「仕切線」といいます。　　❺「小書き」といいます。

◆仕訳帳の記入方法

❶**日付欄**…取引の発生した月日を記入します。なお、同じ月の場合は原則として、月を省略します。また、同じ日の場合は「〃」を記入します。

❷**摘要欄**…左半分に借方の勘定科目を、一行下げて、次の行の右半分に貸方の勘定科目を（　）をつけて記入します。

また、1月15日の取引の記入のように、**借方の勘定科目が2つ以上になる場合、『諸口』と記入します**[05]。

勘定科目を記入したら、次の行に取引の要旨（小書きという）を記入します。

なお、次の仕訳を記入する前に、前の仕訳と区別するための**境界線（❻仕切線といいます）**を引きます。

01) 主要簿（しゅようぼ）とはすべての取引をもれなく記録する帳簿のことで、仕訳帳と総勘定元帳の2つを指します。
これとは別に特定の取引だけ記録する帳簿（現金出納帳など）があり、この帳簿を補助簿（ほじょぼ）といいます。

02) 「丁」という字にはページという意味があります。ここでは総勘定元帳のページ数（勘定口座番号）になります。

03) 「諸口」には（　　）をつけません。

04) 元帳の仕丁欄に記入されるページ数です。

05) 貸方の勘定科目が2つ以上になる場合も同様に「諸口」と記入します。

❸**元丁欄**…仕訳帳から勘定口座に転記をしたときの**勘定口座の勘定口座番号**を記入します。なお、勘定口座番号は現金1、資本金12、といった形で企業ごとに決めています。

❹**金額欄**…借方の勘定科目の金額を借方欄に、貸方の勘定科目の金額を貸方欄に、それぞれの勘定科目と同じ行に記入します。

❺**小書き**…取引の内容を簡潔に示します。

2 総勘定元帳とは

企業の取引を記録するのに必要な、すべての勘定口座を1冊に集めた帳簿を『総勘定元帳』といいます。

❶ 日付欄　❷ 摘要欄　❸ 仕丁欄 (01)　　　　❹ 借方欄・貸方欄

現　　　金　　　　　　　　　　　　　　　　　　1 (02)

×1年		摘　要	仕丁	借　方	×1年		摘　要	仕丁	貸　方
1	1	資 本 金	1	10,000	1	10	広 告 費	1	400
						15	諸　口	〃	1,000

◆**総勘定元帳の記入方法**

❶**日付欄**…仕訳帳に記入されている取引の日付を記入します。

❷**摘要欄**…仕訳の**相手勘定科目**を記入します。ただし、相手勘定科目が2つ以上あるときは「**諸口**」と記入します。

❸**仕丁欄**…その仕訳が記入されている**仕訳帳のページ数**を記入します。

❹**借方欄・貸方欄**…仕訳の借方金額を借方欄に、貸方金額を貸方欄に記入します。

3 勘定記入のルール

勘定口座への記入（転記）を行う場合のルールは、次のとおりです。例えば、**資産に属する勘定であれば増加は借方に、減少は貸方に記入する**ようにしてください。ということは、仕訳を行うときのルールとまったく同じですね。

［借方］	資産の勘定	［貸方］
増　加		減　少

［借方］	負債の勘定	［貸方］
減　少		増　加

［借方］	純資産(資本)の勘定	［貸方］
減　少		増　加

［借方］	費用の勘定	［貸方］
発　生		

［借方］	収益の勘定	［貸方］
		発　生

01) 仕訳帳のページ数を記入します。

02) 仕訳帳の元丁欄に記入される勘定口座番号です。

Section 3　仕訳帳に記入してみよう

重要度レベル ★★★☆☆

はじめに

企業が取引をすると、その取引を仕訳し、仕訳帳に記帳します。
この記帳には、後に総勘定元帳への転記をしやすくするために "1行1科目" というルールがあります。
では見ていきましょう。

1 ＜ 仕訳してみましょう

次の例を元に仕訳帳に記入してみましょう。

例3-1
1月1日　現金 ¥10,000 を元入れ（出資）してお店の営業をはじめた。

「現金 ¥10,000 の増加」と「資本金 ¥10,000 の増加」

（借）現　　　金	10,000	（貸）資　本　金	10,000

例3-2
1月10日　広告費 ¥400 を現金で支払った。

「広告費 ¥400 の発生」と「現金 ¥400 の減少」

（借）広　告　費	400	（貸）現　　　金	400

例3-3
1月15日　水道光熱費 ¥200 と家賃 ¥800 の合計 ¥1,000 を現金で支払った。

（借）「水道光熱費 ¥200 の発生」と「支払家賃 ¥800 の発生」
（貸）「現金 ¥1,000 の減少」

（借）水 道 光 熱 費	200	（貸）現　　　金	1,000
支 払 家 賃	800		

2 ＜ 仕訳帳に記入してみましょう

1月1日の仕訳を例にとって説明します。

仕　訳　帳　　　　　　　1

×1年		摘　　　　　要	元丁 [01]	借　　方	貸　　方
❶ 1	1	❷（現　　　金）	1	❸ 10,000	
		❷（資　本　金）	12		❸ 10,000
		❹本日、元入れして開業した。			

❺

01) 元丁欄の記載は「総勘定元帳への転記」で説明します。

❶日付欄に日付（１月１日）を記入します。

❷仕訳の勘定科目を１行ずつ記入します。このとき、借方は左側に、貸方は右側に書きます。また勘定科目には、かっこ（　　）をつけます。

❸同じように金額を記入します。

❹仕訳の内容を簡潔に記載します。

❺次の仕訳をする前に摘要欄に線を引きます[02]。

02) ここから別の仕訳という合図です。

１月10日までの仕訳帳は、次のようになります。

仕　訳　帳　　　　　　　　　　　1

×1年		摘　　　　要	元丁	借　　方	貸　　方
1	1	（現　　　金）	1	10,000	
		（資　本　金）	12		10,000
		本日、元入れして開業した。			
	10	（広　告　費）	18	400	
		（現　　　金）	1		400
		広告費を現金で支払った。			

次に、複合的な取引の場合（１月15日の仕訳）を見てみましょう。

	15	諸　　口　　（現　　　金）	1		1,000
		（水 道 光 熱 費）	23	200	
		（支 払 家 賃）	26	800	
		水道光熱費と家賃を現金で支払った。			

この場合、借方の一行目に「諸口」と記入します（２つ以上の勘定科目がありますという意味です）。

また、この諸口は勘定科目ではないため、かっこ（　　）はつけません。

以上、すべてを記入すると次のようになります。

仕　訳　帳　　　　　　　　　　　1

×1年		摘　　　　要	元丁	借　　方	貸　　方
1	1	（現　　　金）	1	10,000	
		（資　本　金）	12		10,000
		本日、元入れして開業した。			
	10	（広　告　費）	18	400	
		（現　　　金）	1		400
		広告費を現金で支払った。			
	15	諸　　口　　（現　　　金）	1		1,000
		（水 道 光 熱 費）	23	200	
		（支 払 家 賃）	26	800	
		水道光熱費と家賃を現金で支払った。			

総勘定元帳に転記してみよう

重要度レベル ★★★★☆

はじめに

例えば「今、現金はいくら残っているのか」という残高に関する情報を知るためには、記録した結果を集計しておくことが大切です。しかし、仕訳をしただけでは、現金は頻繁に使われ変動が激しいので、残高に関する情報を得るには不向きです。常に残高がわかるようにしておくためには、どのような工夫が必要でしょうか。

1 転記

上記のような問題を解決するためには、仕訳[01]をした後にそれぞれの**勘定科目の増減を1カ所にまとめておく必要があります**。そのための場所として『勘定口座』[02]を設け、仕訳した結果をそこに書き移すようにします。この作業を『転記』といいます。

簿記上の取引 → 仕訳（帳） → 勘定口座

これにより、特定の勘定科目の増減が一目でわかるようになり、月末の現金残高がいくらか、といったことが簡単にわかるようになります。

01) 仕訳は仕訳帳で行います。仕訳帳は日々の仕訳を発生順に記入する帳簿です。

02) 勘定口座は、ある勘定科目の増減を記録するために設けられます。

(1)仕訳帳への記入

仕　訳　帳   1

×1年		摘　　　　　　　要	元丁	借　　方	貸　　方
1	1	（現　　　金）	1	10,000	
		（資　本　金）	12		10,000
		本日、元入れして開業した。			
	10	（広　告　費）	18	400	
		（現　　　金）	1		400
		広告費を現金で支払った。			
	15	諸　口　（現　　　金）	1		1,000
		（水道光熱費）	23	200	
		（支払家賃）	26	800	
		水道光熱費と家賃を現金で支払った。			

⑵勘定口座への転記

　例えば現金の残高を計算する必要があったとしても、収入・支出を仕訳帳の中からいちいち拾い出すのは面倒です。そこで、現金の収入・支出を1カ所に集計した勘定口座を見ればよいのです。

	現	金	
1/1	10,000	1/10	400
		15	1,000

　このようにすれば、すぐに（記入面から）収入合計が ¥10,000 で、支出合計が ¥1,400、したがって、残高は ¥8,600[03] であることがわかります。

03) ¥10,000 − ¥1,400
　　 ＝ ¥8,600

2 転記の方法

仕訳の借方側 … 仕訳帳の**借方**に記入されている**金額**を、借方の勘定科目と**同じ名称の勘定口座の借方**[01] に記入します。

仕訳の貸方側 … 仕訳帳の**貸方**に記入されている**金額**を、貸方の勘定科目と**同じ名称の勘定口座の貸方**[01] に記入します。

　あわせて、**取引日の日付と相手勘定**[02] の**勘定科目**を記入します。

　また、仕訳帳の元丁欄に転記した元帳のページ数（勘定口座番号）を記入します。

01) 転記のルール
　転記をするときには、借方の科目は借方に、貸方の科目は貸方に転記します。
　借方の金額はその科目の借方に、貸方の金額はその科目の貸方に転記します。

02) 例えば、現金勘定から見た貸方勘定科目（ここでは資本金勘定）を相手勘定といいます。

03) 仕訳帳に記入するさい、勘定科目は（　）でくくります。

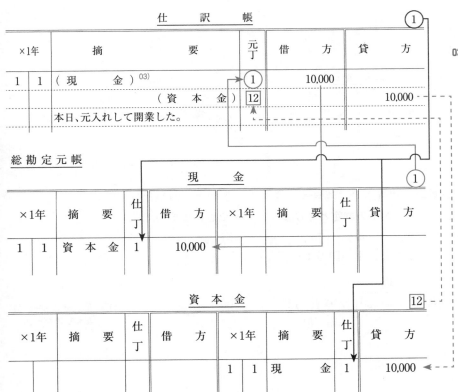

また、借方あるいは貸方の**勘定科目が2つ以上**になることがあります。このような場合には、相手勘定の科目として「**諸口**」と記入します（下の現金勘定を参照してください）。

仕　訳　帳　　　　　　1

×1年	摘　　　　　要	元丁	借　　方	貸　　方
〰〰〰	〰〰〰〰〰〰〰〰〰〰	〰	〰〰〰	〰〰〰
15	諸　　口 04) （現　　金）	1		1,000
	（水道光熱費）	23	200	
	（支払家賃）	26	800	
	水道光熱費と家賃を現金で支払った。			

総勘定元帳

現　　金　　　　　　1

×1年	摘　要	仕丁	借　　方	×1年	摘　要	仕丁	貸　　方
1 1	資　本　金	1	10,000	1 10	広　告　費	1	400
				15	諸　　口	〃	1,000

水道光熱費　　　　　　23

×1年	摘　要	仕丁	借　　方	×1年	摘　要	仕丁	貸　　方
1 15	現　　金	1	200				

支払家賃　　　　　　26

×1年	摘　要	仕丁	借　　方	×1年	摘　要	仕丁	貸　　方
1 15	現　　金	1	800				

なお、各勘定口座は試験で出題される場合やテキストの説明上、簡略化したフォーム（これを**Tフォーム**や**T勘定**と呼びます）で記載されますので、あわせて覚えておきましょう。

現金勘定をTフォームで表すと、下の図のようになります。

現　　金

1/1 資本金 05)	10,000	1/10 広告費	400
		15 諸　口	1,000

04) 通常、仕訳を行うさいには諸口は用いません。
なお、諸口は勘定科目ではないので、（　）をつけません。

05) 仕丁番号（ページ数）は記載しません。

帳簿記入 次の帳簿記入について述べた文章のうち、正しいものには〇、誤っているものには×を解答欄に記入しなさい。

1．帳簿に日付を記入する際には、月は、月初めに記入したのち、同じページでは月が変わらない限り記入しないのが原則である。

2．帳簿を締め切る際には、金額欄の最後に合計を記入し、貸借の合計金額が一致していることを確認したうえで、下に単線を引いてそこまでの記帳が終了したことを示す。

3．仕訳帳には取引の仕訳を日付順に記録し、そこで仕訳された各勘定は総勘定元帳に開設した各勘定口座に転記される。

4．仕訳帳の摘要欄に記入した仕訳の下に書かれる「小書き」は、記帳した取引についての補足説明である。

5．仕訳帳から総勘定元帳に転記する際には、仕訳帳の元丁欄に転記した総勘定元帳のページ番号（勘定口座の番号）を記入する。

1	2	3	4	5
〇	×	〇	〇	〇

2．複線（二重線）を引くことにより、記帳の終了を示します。

仕訳帳と元帳 次の取引を仕訳帳に記入し、総勘定元帳へ転記しなさい（一部の勘定口座は省略している）。なお、仕訳帳には小書きを書くこと。

4.14 得意先秋田商店から売掛金の回収として ¥200,000 を現金で受け取った。

4.18 山形商店から商品 ¥150,000 を仕入れ、¥50,000 を現金で支払い残額を掛けとした。

4.25 福島商店に仕入原価¥180,000 の商品を ¥230,000 で販売し、代金は掛けとした。

仕　訳　帳　　　　　　　3

×1年	摘　　　　　要	元丁	借　方	貸　方
	前ページから		1,000,000	1,000,000

現　　　金　　　　　　1

×1年	摘　要	仕丁	借　　方	×1年	摘　要	仕丁	貸　　方
	前ページから		420,000		前ページから		280,000

売　　掛　　金　　　　　　3

×1年	摘　要	仕丁	借　　方	×1年	摘　要	仕丁	貸　　方
	前ページから		450,000		前ページから		210,000

商　　　品　　　　　　8

×1年	摘　要	仕丁	借　　方	×1年	摘　要	仕丁	貸　　方
	前ページから		450,000		前ページから		270,000

買　　掛　　金　　　　　　12

×1年	摘　要	仕丁	借　　方	×1年	摘　要	仕丁	貸　　方
	前ページから		170,000		前ページから		380,000

商　品　販　売　益　　　　　　31

×1年	摘　要	仕丁	借　方	×1年	摘　要	仕丁	貸　　方
	前ページから		0		前ページから		500,000

仕 訳 帳　　　　　　　　　3

×1年		摘　　　　　要	元丁	借　方	貸　方
		前ページから		1,000,000	1,000,000
4	14	（現　　金）	1	200,000	
		（売 掛 金）	3		200,000
		秋田商店より回収			
	18	（商　　品）　諸　口	8	150,000	
		（現　　金）	1		50,000
		（買 掛 金）	12		100,000
		山形商店から仕入れ			
	25	（売 掛 金）　諸　口	3	230,000	
		（商　　品）	8		180,000
		（商品販売益）	31		50,000
		福島商店へ売上げ			

現　　金　　　　　　　　1

×1年		摘　要	仕丁	借　方	×1年		摘　要	仕丁	貸　方
		前ページから		420,000			前ページから		280,000
4	14	売 掛 金	3	200,000	4	18	商　品	3	50,000

売　掛　金　　　　　　　3

×1年		摘　要	仕丁	借　方	×1年		摘　要	仕丁	貸　方
		前ページから		450,000			前ページから		210,000
4	25	諸　　口	3	230,000	4	14	現　金	3	200,000

商　　品　　　　　　　　8

×1年		摘　要	仕丁	借　方	×1年		摘　要	仕丁	貸　方
		前ページから		450,000			前ページから		270,000
4	18	諸　　口	3	150,000	4	25	売 掛 金	3	180,000

買　掛　金　　　　　　　12

×1年		摘　要	仕丁	借　方	×1年		摘　要	仕丁	貸　方
		前ページから		170,000			前ページから		380,000
					4	18	商　品	3	100,000

商 品 販 売 益　　　　　31

×1年		摘　要	仕丁	借　方	×1年		摘　要	仕丁	貸　方
		前ページから		0			前ページから		500,000
					4	25	売 掛 金	3	50,000

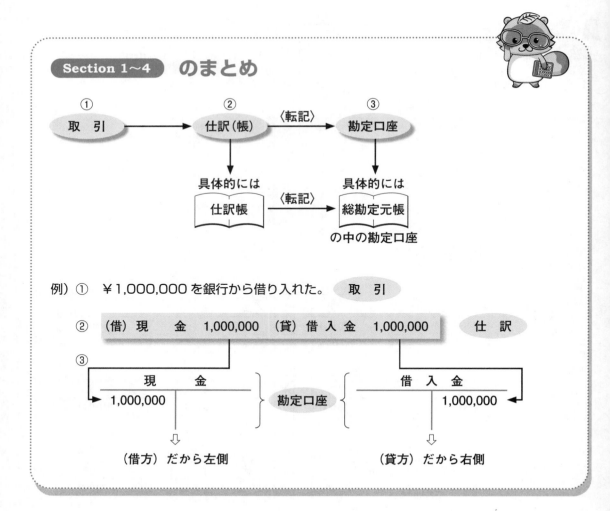

Section 1~4 のまとめ

① 取 引 → ② 仕訳（帳） 〈転記〉 ③ 勘定口座

具体的には
仕訳帳 〈転記〉 総勘定元帳

具体的には
の中の勘定口座

例) ① ￥1,000,000 を銀行から借り入れた。 取 引

② （借）現　　金　1,000,000　（貸）借入金　1,000,000 仕 訳

③

現　　金		借　入　金	
1,000,000			1,000,000

勘定口座

（借方）だから左側　　　　　　　　　（貸方）だから右側

Chapter 10

決算の手続き

Section1	決算とは	重要度レベル ★★★☆☆
Section2	試算表の作成	重要度レベル ★★★☆☆

決算ってなに？

「人生の総決算」などという使い方がされるように、「決算（けっさん）」という言葉には、「総まとめ」といった意味があります。

さて、総まとめをするにはどうすればいいのでしょうか。

第一に、決算の基礎となる「期中に記入された帳簿が正しいかどうか」から確認しなければなりません。

次に、純利益を算定する手続きが必要になり、最後にそれを世間に公表するために見やすくする必要があります。

この Chapter では、決算の概略だけをちょっと見ておきましょう。

決算とは

重要度レベル ★★★☆☆

はじめに

クリスマスも過ぎて、年末が近づいてきました。あなたのお店は 12 月決算なので、そろそろ 1 年間を振り返り、反省と締めくくりが必要です。今年の利益はいくらになったのでしょうか？開業時に比べて資産も借入れも増えて、すっかりその内容も変わっています。これらのことを明らかにするためには決算をする必要があります。

では、決算について見ていきましょう。

1 〈 決算

　ある会計期間（事業年度）の最後の日（決算日）にその年度の経営成績を明らかにするために当期純損益を計算し、**決算日の財政状態を明らかに**するために資産・負債・純資産（資本）の残高を計算する手続きを『**決算**』といいます[01]。

　その結果は**損益計算書**や**貸借対照表**によって明らかにされます。

01）ここでいう決算は簿記上の手続きです。

2 〈 決算の手続き

　決算には次に示すように、**3 つの手続き**があります[01]。

(1)決算予備手続 ➡ (2)決算本手続 ➡ (3)決算報告手続

01）決算手続についてはその概略を知ることが大切です。

(1)決算予備手続

　本格的な決算の準備として行われる手続き。
　　a. 総勘定元帳の各勘定口座が正しいかどうかを**試算表**によって確認します。
　　b. **間違いを訂正**します。
　　c. 決算のアウトラインを知るために**精算表**を作成します。

本 Chapter では決算予備手続のうち、試算表の作成を Section 2 で取り上げます。また、精算表の作成については Chapter11 で学習します。

(2)決算本手続

　純利益の算定や帳簿の締切りなど、決算の一番主要な手続き。
　　a. **決算修正記入**を行います。
　　b. **決算振替記入**…収益・費用の諸勘定を**損益勘定**に集め、**当期純利益**を算定して締め切ります。
　　c. 各帳簿の**締切り**を行います。
　　d. **繰越試算表**を作成します。

決算本手続、決算報告手続については、Chaper11 で学習します。
なお、決算本手続の決算修正記入（決算整理記入ともいいます）については、3 級で学習しますので、ここでは手続きの流れだけを知っておけば十分です。

⑶決算報告手続

決算の結果を、損益計算書と貸借対照表によって外部に報告する手続き。

a. 損益勘定から**損益計算書**を作ります。

b. 繰越試算表から**貸借対照表**を作ります。

決算とは **次の文章の空欄に適当な語句を埋め、完成させなさい。**

⑴ 決算日に、その会計期間の（　ア　）を明らかにするために当期純損益を計算し、決算日の（　イ　）を明らかにするために資産・負債・純資産（資本）の残高を計算する手続きを（　ウ　）といい、その結果は損益計算書や（　エ　）によって明らかにされる。

⑵ 決算の手続きには、決算（　オ　）手続・決算（　カ　）手続・決算（　キ　）手続の3つがある。

ア…経営成績、イ…財政状態、ウ…決算、エ…貸借対照表、オ…予備、
カ…本、キ…報告

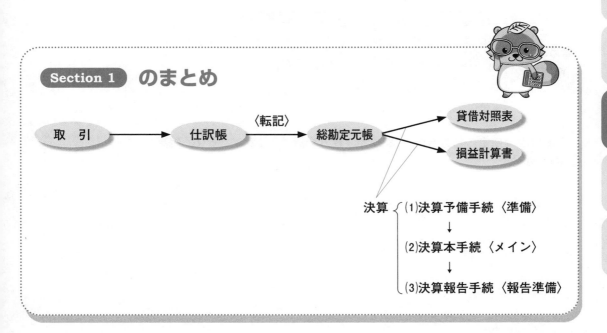

Section 1 のまとめ

取引 → 仕訳帳 →〈転記〉→ 総勘定元帳 → 貸借対照表
　　　　　　　　　　　　　　　　　　　 → 損益計算書

決算 ⎰⑴**決算予備手続**〈準備〉
　　　↓
　　　⑵**決算本手続**〈メイン〉
　　　↓
　　　⑶**決算報告手続**〈報告準備〉

試算表の作成
（しさんひょう）

重要度レベル ★★★☆☆

はじめに

さあ、決算です。決算になれば、勘定口座の記録から損益計算書や貸借対照表を作成します。もし勘定口座の記録にミスがあれば、せっかく損益計算書や貸借対照表を作っても台無しになってしまいます。勘定口座にまったくミスがなかったかどうかが心配になったあなたは、チェックのため試算表を作成することにしました。

1 試算表

決算にあたって⁰¹⁾、総勘定元帳の各勘定口座の記入に間違いがなかったかどうかを確認するために作成される計算表を『試算表』といい、T／B（Trial Balance）と略されます。

01) 本書では、試算表は決算手続の準備段階で作成されるものという位置づけで説明していますが、そもそも勘定口座をチェックするためのものですから、必要があれば1日単位で作成したり月単位で作成したりしてもよいわけです。

```
取 引 → 仕訳（帳） → 勘定口座（総勘定元帳） ←チェック→ 試算表
```

2 試算表の種類と作成

試算表には、(1)合計試算表、(2)残高試算表、(3)合計残高試算表の3つの種類があります。

ところで、「合計」と「残高」の違いは、次のとおりです。

【例】

	現　　金	
4/1 資 本 金 1,000	4/12 商　　品 600	貸方合計 ¥1,200
5 借 入 金 800	25 借 入 金 500	
18 諸　　口 700	28 広 告 費 100	

借方合計 ¥2,500

残 高⁰¹⁾ ¥1,300

01) 資産・費用に属する勘定では借方残高、負債・純資産（資本）・収益に属する勘定では貸方残高となります。

上記の現金勘定の**借方合計**は¥2,500、**貸方合計**は¥1,200であり、**残高**は¥1,300です。

(1)合計試算表

各勘定口座の**借方の合計**と**貸方の合計**を記入して作成する試算表です。

◆合計試算表の作り方

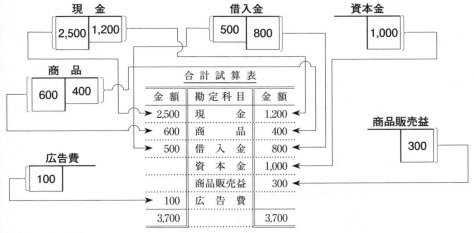

(2)残高試算表

各勘定口座の**借方または貸方の残高**を記入して作成する試算表です。

◆残高試算表の作り方

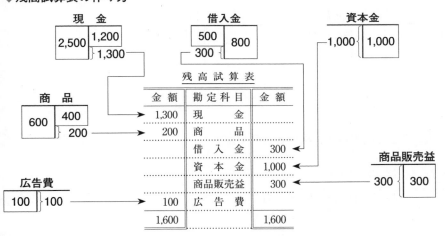

(3)合計残高試算表

合計試算表と**残高試算表**とをあわせた試算表です。

◆合計残高試算表の作り方

合 計 残 高 試 算 表

借方残高	借方合計	勘 定 科 目	貸方合計	貸方残高
1,300	2,500	現　　　　　金	1,200	
200	600	商　　　　　品	400	
	500	借　入　金	800	300
		資　本　金	1,000	1,000
		商 品 販 売 益	300	300
100	100	広　告　費		
1,600	3,700		3,700	1,600

3 チェックの仕組み

　合計試算表または残高試算表の**借方金額欄と貸方金額欄の合計が一致**すると、総勘定元帳の各勘定口座の記入が正しいとわかるのですが、それはなぜでしょうか。

　例えば、1カ月間の取引を勘定口座に転記した結果が次のようであったとします。

　なお、試算表の働きをわかりやすく説明するために、4月1日の取引の貸方（□□で示した部分）が勘定口座に転記されず、転記漏れを起こしていたものとします。

4.1の取引	（借）現　　　金	9,000	（貸）資　本　金	6,000
			借　入　金	3,000

```
        現        金                    資  本  金                    借  入  金
  4/1  9,000 │ 4/8  4,000                   │ 4/1  6,000      4/30 3,000 │            ⌐‥‥‥⌐ 01)
  12   1,000 │ 25    500                                                 │
  20   7,000 │ 30   3,800

        商        品                    商品販売益                    受  取  利  息
  4/8  4,000 │ 4/20 4,000                   │ 4/20 3,000                   │ 4/12 1,000


     支  払  利  息                    雑        費
  4/30  800 │                    4/25  500 │
```

01）実際にはここに、「4/1 3,000」の記入がなくてはなりません。

　上記の勘定口座から試算表を作成すると、次のとおりです。

合 計 試 算 表

借 方 合 計	勘　定　科　目	貸 方 合 計
17,000	現　　　　　　金	8,300
4,000	商　　　　　　品	4,000
3,000	借　　入　　金	
	資　　本　　金	6,000
	商　品　販　売　益	3,000
	受　　取　　利　　息	1,000
800	支　　払　　利　　息	
500	雑　　　　　　費	
25,300 ◄	不一致 ►	22,300

　転記のさいに間違っていると、試算表を作成しても借方と貸方の金額が一致しません。逆に仕訳の借方と貸方の金額がきちんと転記されていれば、試算表の借方・貸方の合計は一致し、勘定口座の記入が正しいことがわかります。これが試算表を使ったチェックの仕組みなのです。

●一致しないときには●

　試算表を作成していて貸借の合計が一致しないことがあります。このようなときには合計欄の差額を計算し、次の３つのうちいずれかの方法で間違いを見つけます。

(a)**資料にこの差額に該当する金額**がないかをチェックする。

　　　　　　　　　←記入漏れを探す。

(b)差額を２で割ってみる。←（借方に２回記入など）貸借の記入ミスを探す。

(c)差額を９で割ってみる。←ケタミスを探す[02]。

02) 100 を 10 と書くなど、ケタミスをすると、差額は９で割り切れます。

Try it 例題

試算表の作成　次の勘定口座にもとづいて、合計残高試算表を作成しなさい。なお、相手勘定科目は省略してある。

現　　金　　1				貸　付　金　　2				商　　品　　3	
6/1	50,000	6/2	25,000	6/2	25,000	6/30	10,000	6/11 20,000	6/15 20,000
15	25,000	11	20,000						
30	10,000	18	2,000						
30	500	26	10,500						

資　本　金　　4		商品販売益　　5		受　取　利　息　　6	
	6/1 50,000		6/15 5,000		6/30 500

通　信　費　　7		給　　料　　8	
6/18 2,000		6/26 10,500	

合 計 残 高 試 算 表

借 方 残 高	借 方 合 計	元丁	勘 定 科 目	貸 方 合 計	貸 方 残 高
		1	現　　　　　金		
		2	貸　付　　　金		
		3	商　　　　　品		
		4	資　　本　　金		
		5	商　品　販　売　益		
		6	受　取　利　息		
		7	通　信　　　費		
		8	給　　　　　料		

合計残高試算表

借方残高	借方合計	元丁	勘定科目	貸方合計	貸方残高
28,000	85,500	1	現　　　　金	57,500	
15,000	25,000	2	貸　付　金	10,000	
	20,000	3	商　　　　品	20,000	
		4	資　本　金	50,000	50,000
		5	商品販売益	5,000	5,000
		6	受取利息	500	500
2,000	2,000	7	通　信　費		
10,500	10,500	8	給　　　　料		
55,500	143,000 01)			143,000 01)	55,500

01) 合計試算表の貸借の合計額が一致したら、次に残高試算表を作成します。合計試算表の貸借が一致するのを確認してから、残高試算表を作るのがコツです。

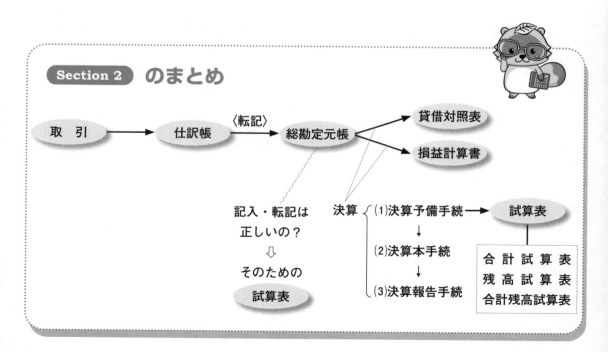

Section 2　のまとめ

取引 → 仕訳帳 →〈転記〉→ 総勘定元帳 → 貸借対照表
                                    → 損益計算書

記入・転記は
正しいの？
⇩
そのための
試算表

決算 { (1)決算予備手続 → 試算表
        ↓
       (2)決算本手続
        ↓
       (3)決算報告手続 }

合計試算表
残高試算表
合計残高試算表

Chapter 11

精算表・財務諸表

Section1	精算表	重要度レベル ★★★★★
Section2	貸借対照表と 損益計算書の作成	重要度レベル ★★★★★
Section3	帳簿の締切り	重要度レベル ★★★★☆

ココがPOINT!

精算表はヨコに解け！

さあ、いよいよ精算表の作成です。

6欄（桁）精算表は、残高試算表にもとづいて、損益計算書と貸借対照表を作成する表です。

```
                      ┌──→ 収益・費用 ⇒ 損益計算書
残高試算表 ──────────┤
                      └──→ 資産・負債・純資産（資本）
                                    ⇒ 貸借対照表
```

ここで大切なことは、各勘定科目が5要素のどれに該当し、それらが損益計算書、貸借対照表のどちらに計上されるのかをしっかりと区分できるようにすることです。

それでは学習に進みましょう。

精算表

せいさんひょう

重要度レベル ★★★★★

はじめに

あなたのお店も初めての決算をむかえました。

お店の経営は順調ですが、どれほどの利益を計上できるか不安です。ところが顧問税理士のK氏には「決算手続を終えるには最低1カ月の時間が必要だ」といわれています。自分のお店がいくらの純利益をあげているのかを知りたくて、1カ月も待てないあなたは、精算表を作成し、初めての決算のアウトラインを知ることにしました。

1 < 精算表

残高試算表から、損益計算書と貸借対照表を作成するプロセスを一覧表の形で示したものを『精算表』といい、決算手続のアウトラインを知るために作成されます[01]。

01) 基礎簿記会計では、修正記入欄の無い「6欄（桁）精算表」を学習します。

2 < 精算表の記入内容

❶ 残高試算表欄
元帳の諸勘定の残高を記入する。

❷ 損益計算書欄
収益・費用の各項目を集めて作成される。

❸ 貸借対照表欄
資産・負債・純資産（資本）の各項目を集めて作成される。

精 算 表

勘 定 科 目	残高試算表 借 方	残高試算表 貸 方	損益計算書 借 方	損益計算書 貸 方	貸借対照表 借 方	貸借対照表 貸 方
現　　　　金	202,000				202,000	
売　掛　金	150,000				150,000	
貸　付　金	380,000				380,000	
商　　　品	48,000				48,000	
建　　　物	400,000				400,000	
買　掛　金		393,100				393,100
借　入　金		200,000				200,000
資　本　金		500,000				500,000
商品販売益		325,000		325,000		
受　取　利　息		5,000		5,000		
給　　　料	90,000		90,000			
広　告　費	85,000		85,000			
保　険　料	60,000		60,000			
支　払　利　息	8,100		8,100			
当 期 純 利 益			86,900			86,900
	1,423,100	1,423,100	330,000	330,000	1,180,000	1,180,000

資産が記入される。

純資産（資本）・負債が記入される。

収益が記入される。

費用が記入される。

❹ 損益計算書欄の差額と貸借対照表欄の差額は必ず一致する。
帳簿を締め切る前でも精算表を作成することで、純利益をあらかじめ知ることができる。

3 精算表の作成方法

(1)残高試算表欄

総勘定元帳の各勘定口座の残高を、それぞれの勘定の行に書き移し、借方・貸方ともに合計額を算出して、一致することを確認します。

(2)損益計算書欄

収益・費用の諸勘定の金額を、損益計算書欄に記入します。

(3)貸借対照表欄

資産・負債・純資産（資本）の諸勘定の金額を、貸借対照表欄に記入します。

(4)当期純利益の計算

①損益計算書欄

損益計算書欄の、貸方合計額から借方合計額を差し引いて当期純利益を求め、**借方**に金額[01]を記入するとともに勘定科目欄に「**当期純利益**」と記入します[01]。また、貸方合計額から借方合計額を差し引いた差額がマイナスとなった場合には、**貸方**に金額[01]を記入するとともに勘定科目欄に「**当期純損失**」と記入します[01]。

②貸借対照表欄

貸借対照表欄で、借方合計額から貸方合計額を差し引いて**当期純利益**を求め、**貸方**にその金額を記入します。**当期純損失**ならば**借方**にその金額を記入します。

(5)精算表の締切り

すべての欄の合計額を記入して締め切ります。

01) 実務では、当期純利益（当期純損失）とその金額は朱記します。ただし、検定試験では、赤ペンの使用が禁じられているため、黒字で記入します。

Section 1 のまとめ

❶ **残高試算表欄**
元帳の諸勘定の残高を記入する。ただし、基礎簿記会計の問題では決算整理後の金額が与えられている。

❷ **損益計算書欄**
収益・費用の各項目を集めて作成される。

❸ **貸借対照表欄**
資産・負債・純資産（資本）の各項目を集めて作成される。

資産が記入される。

純資産（資本）・負債が記入される。

収益が記入される。

費用が記入される。

❹ 損益計算書欄の差額と貸借対照表欄の差額は必ず一致する。帳簿を締め切る前でも精算表を作成することで、純利益をあらかじめ知ることができる。

精 算 表

勘定科目	残高試算表 借方	残高試算表 貸方	損益計算書 借方	損益計算書 貸方	貸借対照表 借方	貸借対照表 貸方
現　　　　金	202,000				202,000	
売　掛　金	150,000				150,000	
貸　付　金	380,000				380,000	
商　　　　品	48,000				48,000	
建　　　　物	400,000				400,000	
買　掛　金		393,100				393,100
借　入　金		200,000				200,000
資　本　金		500,000				500,000
商品販売益		325,000		325,000		
受　取　利　息		5,000		5,000		
給　　　料	90,000		90,000			
広　告　費	85,000		85,000			
保　険　料	60,000		60,000			
支　払　利　息	8,100		8,100			
当期純利益			86,900			86,900
	1,423,100	1,423,100	330,000	330,000	1,180,000	1,180,000

Section 2 貸借対照表と損益計算書の作成

たいしゃくたいしょうひょう

そんえきけいさんしょ

重要度レベル ★★★★★

はじめに

お店を経営しているあなたは、帳簿や精算表によって決算のアウトラインを知ることができます。しかし、お店の外部にいてあなたへの融資を考えている銀行や、課税をする税務署など、あなたのお店の財政状態や経営成績に関心のある人たちがたくさんいますが、彼らはお店内部の資料を自由に見ることができるわけではありません。

そこで、あなたは貸借対照表や損益計算書を作って、お店の内容を彼らに公開することにしました。

1 損益計算書と貸借対照表

主にお店の外部の人々（利害関係者といいます）に、企業の**財政状態**や**経営成績**について報告するために作成される書類が、**貸借対照表**と**損益計算書**です。

残高試算表
×5年12月31日

借 方 残 高	勘 定 科 目	貸 方 残 高
202,000	現　　　　金	
150,000	売　　掛　　金	
380,000	貸　　付　　金	
48,000	商　　　　品	
400,000	建　　　　物	
	買　　掛　　金	393,100
	借　　入　　金	200,000
	資　　本　　金	500,000
	商　品　販　売　益	325,000
	受　　取　　利　　息	5,000
90,000	給　　　　料	
85,000	広　　告　　費	
60,000	保　　険　　料	
8,100	支　　払　　利　　息	
1,423,100		1,423,100

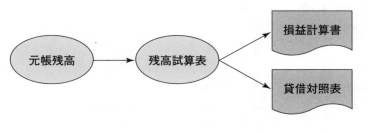

▼概略

貸借対照表

❶残高試算表の資産・負債・純資産（資本）の各勘定の金額を移します。

❷貸借差額として当期純利益（または当期純損失）を計算します。

❸資産の欄と負債および純資産の欄の合計が一致することを確認します。

損益計算書

❶残高試算表の費用・収益の各勘定の金額を移します。

❷貸借差額として当期純利益（または当期純損失）を計算します。

❸費用の欄と収益の欄の合計が一致することを確認します。

企業名を記入。

貸借対照表には決算日を記入。

純資産（資本）は、貸借対照表では純資産として表示します。

貸 借 対 照 表

雑貨屋　エブリシング　　　×5年12月31日　　　　　　（単位：円）

資　　産	金　額	負債および純資産	金　額
現　　　　金	202,000	買　　掛　　金	393,100
売　　掛　　金	150,000	借　　入　　金	200,000
貸　　付　　金	380,000	資　　本　　金	500,000
商　　　　品	48,000	当 期 純 利 益	86,900
建　　　　物	400,000		
	1,180,000		1,180,000

純利益は一致します。

損益計算書には会計期間を記入。

金額の単位を記入。

損 益 計 算 書

雑貨屋　エブリシング　　×5年1月1日から×5年12月31日　　（単位：円）

費　　用	金　額	収　　益	金　額
給　　　　料	90,000	商 品 販 売 益	325,000
広　　告　　費	85,000	受 取 利 息	5,000
保　　険　　料	60,000		
支　払　利　息	8,100		
当 期 純 利 益	86,900		
	330,000		330,000

次に掲げた千葉商店の残高試算表にもとづいて、損益計算書と貸借対照表を完成させなさい。ただし、会計期間は1年である。

残高試算表
×5年12月31日

借 方 残 高	勘 定 科 目	貸 方 残 高
27,000	現　　　　　　金	
52,000	普　通　預　金	
140,000	売　　掛　　金	
48,000	貸　　付　　金	
89,000	商　　　　　品	
36,000	備　　　　　品	
	買　　掛　　金	68,000
	借　　入　　金	30,000
	資　　本　　金	268,600
	商　品　販　売　益	94,200
	受　取　利　息	2,400
34,000	給　　　　　料	
20,500	交　　通　　費	
3,400	広　　告　　費	
7,000	水　道　光　熱　費	
3,600	支　払　家　賃	
2,000	支　払　利　息	
700	雑　　　　　費	
463,200		463,200

損　益　計　算　書

千葉商店		×5年1月1日から×5年12月31日			（単位：円）
費　　用	金　　額		収　　益	金　　額	

Chapter 1
Chapter 2
Chapter 3
Chapter 4
Chapter 5
Chapter 6
Chapter 7
Chapter 8
Chapter 9
Chapter 10
Chapter 11
Chapter 12

貸 借 対 照 表

千葉商店 　　　　　　　　　　×5年12月31日 　　　　　　　　（単位：円）

資　　産	金　　額	負債および純資産	金　　額

解　答

損 益 計 算 書

千葉商店 　　　　　　　×5年1月1日から×5年12月31日 　　　　　（単位：円）

費　　　用	金　　額	収　　　益	金　　額
給　　　料	34,000	商 品 販 売 益	94,200
交　通　費	20,500	受 取 利 息	2,400
広　告　費	3,400		
水 道 光 熱 費	7,000		
支 払 家 賃	3,600		
支 払 利 息	2,000		
雑　　　費	700		
当 期 純 利 益	25,400		
	96,600		96,600

貸 借 対 照 表

千葉商店 　　　　　　　　　　×5年12月31日 　　　　　　　　（単位：円）

資　　産	金　　額	負債および純資産	金　　額
現　　　金	27,000	買　掛　金	68,000
普 通 預 金	52,000	借　入　金	30,000
売　掛　金	140,000	資　本　金	268,600
貸　付　金	48,000	当 期 純 利 益	25,400
商　　　品	89,000		
備　　　品	36,000		
	392,000		392,000

残高試算表
×5年12月31日

借方残高	勘定科目	貸方残高
202,000	現　　　　金	
150,000	売　掛　金	
380,000	貸　付　金	
48,000	商　　　品	
400,000	建　　　物	
	買　掛　金	393,100
	借　入　金	200,000
	資　本　金	500,000
	商 品 販 売 益	325,000
	受 取 利 息	5,000
90,000	給　　　料	
85,000	広　告　費	
60,000	保　険　料	
8,100	支 払 利 息	
1,423,100		1,423,100

企業名を記入。

貸借対照表には
決算日を記入。

純資産（資本）は、
貸借対照表では純
資産として表示し
ます。

貸 借 対 照 表
雑貨屋　エブリシング　×5年12月31日　（単位：円）

資　産	金　額	負債および純資産	金　額
現　　　金	202,000	買　掛　金	393,100
売　掛　金	150,000	借　入　金	200,000
貸　付　金	380,000	資　本　金	500,000
商　　　品	48,000	当 期 純 利 益	86,900
建　　　物	400,000		
	1,180,000		1,180,000

純利益は一致します。

損益計算書には
会計期間を記入。

金額の単位を記入。

損 益 計 算 書
雑貨屋　エブリシング　×5年1月1日から×5年12月31日　（単位：円）

費　用	金　額	収　益	金　額
給　　　料	90,000	商品販売益	325,000
広　告　費	85,000	受 取 利 息	5,000
保　険　料	60,000		
支 払 利 息	8,100		
当 期 純 利 益	86,900		
	330,000		330,000

帳簿の締切り

重要度レベル ★★★★☆

はじめに

決算における最終的な目的は財務諸表の作成です。しかし、その財務諸表は帳簿（総勘定元帳）から作成されるので、1つの会計期間が終了したときに、次の会計期間に備えて帳簿を整理すること（これを帳簿の締切りといいます）も重要です。ここでは、各種の帳簿の中でもとくに重要な総勘定元帳の締切手続について学習します。

1 ＜ 総勘定元帳の締切の流れ

総勘定元帳を締め切るために、以下の手順を行います。

2 ＜ 総勘定元帳の締切方法

以下の手順で帳簿を締め切ります。

⑴損益勘定の設定

まず最初に純損益を確定するため、元帳に損益勘定を設定します。

01） 損益勘定は、帳簿上で当期純利益（または当期純損失）を算定するための勘定です。

⑵勘定残高の損益勘定への振替え

損益勘定の**貸方に収益の勘定残高**を、**借方に費用の勘定残高**を振り替えて純損益を計算します。なお、このとき行われる仕訳を『**決算振替仕訳**』といいます。

この『**振替**』とは、ある勘定の金額を他の勘定へ移動させる手続きをいい、具体的には①収益の振替え、②費用の振替えを指します。

例3-1

決算にさいして、次の各勘定残高をそれぞれ損益勘定に振り替えた。
商品販売益 ¥160,000、受取利息 ¥10,000、広告費 ¥30,000、
給料 ¥20,000

---

①収益の振替え

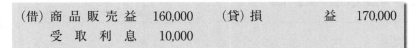

	損	益	
	商品販売益	160,000	←
	受取利息	10,000	←

商品販売益

損 益 160,000	160,000

受 取 利 息

損 益 10,000	10,000

②費用の振替え

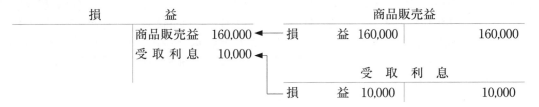

広 告 費

30,000	損 益 30,000

給 料

20,000	損 益 20,000

損 益

広 告 費 30,000	
給 料 20,000	

(3)純損益の振替え

損益勘定の貸借差額は純損益を示すことになります。この純損益を**資本金勘定**に振り替えます。このときに行われる仕訳も**決算振替仕訳**です。

①貸方残高の場合 (02)

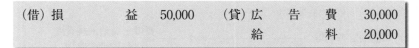

②借方残高の場合 (02)

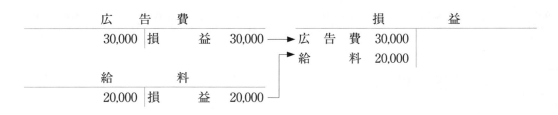

02) 仮設の数値で示しています。

⑷費用・収益の締切り

損益勘定への振替仕訳を転記すれば、**収益・費用の勘定は貸借が一致し
ます**。また、資本金勘定へ振り替えた後の**損益勘定も貸借が一致する**ので、
合計額を貸借ともに同じ行に記入して締め切ります。ただし、記入した行
の数によって締切方法が異なりますから、注意してください⁰³⁾。

貸借の記入した行数が異なる場合は、摘要欄に余白線を引き、合計は行
を揃えて記入します。

03) 1行しか記入がない
　　場合は、合計線を引
　　かずに、直接締切線
　　を引きます。

受取利息
| 12/31 損益 10 | 11/15 現金 10 |

商品販売益

12/31	損	益	160,000	4/18	現	金	100,000
				10/20	現	金	60,000
			160,000				160,000

損　　　　　益

12/31	広 告 費	30,000	12/31	商 品 販 売 益	160,000
〃	給 料	20,000	〃	受 取 利 息	10,000
〃	資 本 金	120,000			
		170,000			170,000

⑸次期繰越および前期繰越の記入

資産・負債・純資産の諸勘定の締切りは、残高が貸借のどちら側に生じ
たかによって締切方法が異なります⁰⁴⁾。

①借方残高の場合

残高が借方に生じた場合は、貸方に「次期繰越」と**朱記**⁰⁵⁾し、借方と
貸方の合計金額を一致させて締め切ります。これを**繰越記入**といいます。
次に、翌期首の日付で借方に「**前期繰越**」と記入し、残高を借方に戻し
ます。これを**開始記入**といいます。

04) 収益費用の締切りと
　　同様に、記入した行
　　数によっても異なり
　　ます。
05) 実務上は朱記します
　　が、全経の本試験で
　　は赤ペンが使用でき
　　ないため、試験上は
　　黒で記入することに
　　なります。

現　　　　　金

1/1	前 期 繰 越	25,000	6/21	諸 口	125,000
4/18	商 品 販 売 益	100,000	12/31	次 期 繰 越	60,000
20	商 品 販 売 益	60,000			
		185,000			185,000
1/1	前 期 繰 越	60,000			

②貸方残高の場合

残高が貸方に生じた場合は、借方に「次期繰越」と**朱記**⁰⁵⁾し、借方と
貸方の合計金額を一致させて締め切ります。次に、翌期首の日付で貸方
に「**前期繰越**」と記入し、残高を貸方に戻します。

借　入　金

6/21	現 金	75,000	1/1	前 期 繰 越	175,000
12/31	次 期 繰 越	100,000			
		175,000			175,000
			1/1	前 期 繰 越	100,000

⑹繰越試算表の作成

英米式決算法によれば、資産・負債・純資産の諸勘定は各勘定の中で残高を繰越記入してしまうので、残高に誤りがあるか否か、または締切りに誤りがあるか否かを見つけることができません。そこで、これらを検証するために、**各勘定の残高（次期繰越の金額）を集計して試算表を作成します。**この試算表を（次期）『**繰越試算表**』といいます。

繰 越 試 算 表
X 年 12 月 31 日 （単位：円）

借方残高	勘定科目	貸方残高
60,000	現　　　　　金	
186,000	普 通 預 金	
350,000	売 　掛 　金	
46,500	商　　　　　品	
420,000	土　　　　　地	
	買 　掛 　金	162,500
	借 　入 　金	100,000
	資 　本 　金	800,000
1,062,500		1,062,500

繰越試算表には、収益・費用の項目はありません。すでに決算振替仕訳が終了しているためです。

決算振替仕訳

次の残高試算表より、⑴決算振替仕訳を行い、⑵当期純利益および資本金の次期繰越高を計算しなさい。

残高試算表				(単位：円)
現　　　　金	820,000	買　　掛　　金		215,000
売　　掛　　金	465,000	借　　入　　金		147,600
商　　　　品	91,200	資　　本　　金		3,761,000
貸　　付　　金	830,000	商 品 販 売 益		700,200
建　　　　物	2,100,000	受　取　利　息		72,200
消　耗　品　費	3,000			
支　払　家　賃	317,000			
広　　告　　費	8,800			
修　　繕　　費	100,000			
保　　険　　料	5,000			
支　払　利　息	156,000			
	4,896,000			4,896,000

解　答

(1)

(借)	商品販売益	*700,200*	(貸)	損		益	*772,400*
	受 取 利 息	*72,200*					
(借)	損　　　　益	*589,800*	(貸)	消 耗 品 費			*3,000*
				支 払 家 賃			*317,000*
				広　告　費			*8,800*
				修　繕　費			*100,000*
				保　険　料			*5,000*
				支 払 利 息			*156,000*
(借)	損　　　　益	*182,600*	(貸)	資　本　金			*182,600*

(2)

当 期 純 利 益	￥*182,600*
資　　本　　金	￥*3,943,600* [01]

Section 3 のまとめ

■締 切 方 法　(1)　損益勘定の設定
　　　　　　　(2)　勘定残高の損益勘定への振替え
　　　　　　　(3)　純損益の振替え　損益勘定→資本金勘定
　　　　　　　(4)　費用・収益の締切り
　　　　　　　(5)　次期繰越および前期繰越の記入
　　　　　　　(6)　繰越試算表の作成

Chapter **12**

非営利組織の会計

Section1 非営利団体の会計　　　　　重要度レベル ★★★★★

予算が重要

　非営利の団体には、経営者つまり社長はいません。

　ですから、期中に方針を変更するなどということは基本的にはできません。

　非営利の団体では、会員が意思決定をします。会員の了承を得て、そのとおりに運営することが要求されます。

　ということは・・・。

　予算が大切なのです。期中に臨機応変に対応することなどできないのですから、「１年間の動きを想定して予算案を作成し、会員総会で承認を得る」これが重要になります。

　この点を意識して学習しましょう。

非営利団体の会計

ひ えい り だん たい かい けい

はじめに

これまで、企業（営利組織）の簿記会計について学んできましたが、日本には、マンション管理組合、町内会・自治会からスポーツの同好会・サークルに至るまで、様々な非営利団体（非営利組織）があります。
これらの非営利団体では、どのような会計処理を行っているのでしょうか。

1 ＜ 営利と非営利の違い

利益の獲得を目的とする企業（営利組織）では、収益と費用を把握し、損益計算書を作成して当期純利益を算定し、資産・負債・純資産（資本）を貸借対照表に記載していました。

しかし、**利益の獲得を目的としない非営利団体（非営利組織）**では、収益や費用から純利益を計算する意味はないので、**現金の収支で活動を把握**することになります[01]。

営利組織と非営利組織が、まったく同じ活動をした場合でも、次のように異なります。なお、収益、費用はすべて現金取引とします。

01) 非営利組織では現金収支が中心となるため、現金取引を「現金出納帳」に記入し、現金出納帳から元帳（総勘定元帳）に転記することもあります。
02) 複式簿記による記録です。

例1-1

次の複式記録[02]に関する会計構造式の（　ア　）から（　ク　）の金額を求めなさい。

＜営利組織＞

期首：期首貸借対照表

資　産	負　債	純資産（資本）
630,000	（　ア　）	350,000

⇩

期中：損益計算書

収　益	費　用	当期純利益
920,000	（　イ　）	（　ウ　）

⇩

期末：期末貸借対照表

資　産	負　債	純資産（資本）
720,000	300,000	（　エ　）

なお、期中に、資本の追加出資や引き出しなど収益費用以外の純資産（資本）の変動はなかった。

＜非営利組織＞

期首：期首繰越（高）

現金有高	繰越金
350,000	（　オ　）

⇩

期中：期中収支計算

収　入	支　出	期中収入増加
920,000	（　カ　）	（　キ　）

⇩

期末：期末繰越（高）

現金有高	繰越金
（　ク　）	420,000

なお、管理しているのは、現金のみである。

<営利組織>

ア．¥630,000 － ¥350,000 ＝ ¥280,000

エ．¥720,000 － ¥300,000 ＝ ¥420,000

ウ．¥420,000（エ） － ¥350,000 ＝ ¥70,000

イ．¥920,000 － ¥70,000（ウ） ＝ ¥850,000

<非営利組織>

オ．¥350,000 ⇒ ¥350,000（期首現金有高のまま）

キ．¥420,000 － ¥350,000（オ） ＝ ¥70,000

カ．¥920,000 － ¥70,000（キ） ＝ ¥850,000

ク．¥420,000 ⇒ ¥420,000（期末繰越金のまま）

2 非営利団体の報告書

非営利団体では、当期の活動による収支を『会計報告書』（収支計算書、収支報告書）に示して、会員の了承を得ることになります。

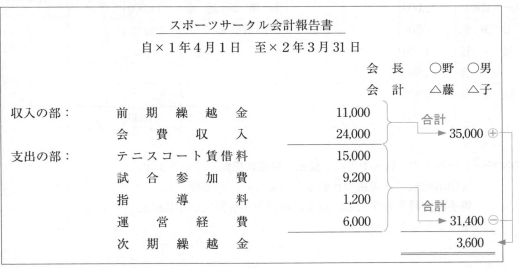

※会計報告書には、さまざまな様式があります[01]。

なお、数年にわたって使用する資産が多い場合には、**財産目録**を作成することもあります。また、財産目録は、営利組織の貸借対照表の資産の部分に近いものとなります。

01）報告式（ほうこくしき）の会計報告書を示していますが、他に、借方に「支出の部」、貸方に「収入の部」を記載した勘定式（かんじょうしき）の会計報告書もあります。

非営利団体における1年間の動きを見ると、次のようになります。

予算の確定…マンション管理組合であれば理事長、スポーツサークルで
あれば部長といった存在が予算書を作成し、会員総会での
了承を得ます。

スポーツサークル会計報告書

自×1年4月1日　至×2年3月31日

会　長　　○野　○男
会　計　　△藤　△子

[支出の部]　　　　　　　　　　　　　　　　　　　　　　　　　　　　　　　　　　　　　[収入の部]

項　　目	予算	決算	差額	項　　目	予算	決算	差額
テニスコート賃借料	12,000			前 期 繰 越 金	11,000		
試 合 参 加 費	7,200			部 費 収 入	24,800		
指　　導　　料	1,200						
運 営 経 費	4,800						
次 期 繰 越 金	10,600						
	35,800				35,800		

予算の実行…会計担当が、収入や支出を**現金出納帳**に記録していきます。
現金出納帳が仕訳帳の代わりとなるため、摘要欄に現金の
相手勘定科目を記入し、現金出納帳から各勘定口座に転記
することになります。

現 金 出 納 帳　　　　　　　　　　＜1＞

日付		摘　　　要 勘 定 科 目	丁数	借方（収入）	貸方（支出）	有高（残高）
4	1	前期繰越	✓	11,000		11,000
	〃	部費収入　　部 費 収 入	1	24,000		35,000
	10	テニスコート賃借料　賃 借 料	2		15,000	20,000
	15	試合参加費　　試 合 参 加 費	3		9,200	10,800
	20	指導料　　指 導 料	4		1,200	9,600
	25	運営経費　　運 営 経 費	5		6,000	3,600

決算報告…予算と決算を比較した会計報告書を会員総会に提出し、差額
の説明などを行うとともに、会員の了承を得ます。

スポーツサークル会計報告書
自×1年4月1日　至×2年3月31日

会　長　　○野　○男
会　計　　△藤　△子

［支出の部］ ［収入の部］

項　　目	予算	決算	差額	項　　目	予算	決算	差額
テニスコート賃借料	12,000	15,000	3,000	前 期 繰 越 金	11,000	11,000	0
試 合 参 加 費	7,200	9,200	2,000	部 費 収 入	24,800	24,000	△ 800
指 　導　 料	1,200	1,200	0				
運 営 経 費	4,800	6,000	1,200				
次 期 繰 越 金	10,600	3,600	△ 7,000				
	35,800	35,000	△ 800		35,800	35,000	△ 800

　このさいに、前期繰越金と次期繰越金を比較して、減少していた場合に
はその原因を認識し、例えば次のように評価します（あくまでも一例です）。

原　　　因	評　　価　（次期の対応）
人数の減少による部費収入の減少	次期は部員の獲得に努力する
賃借料の増加	「借りたまま使わなかったことはないのか」 「安い場所を借りているのか」 といったムダを検証し、次期には改善する。
試合参加費の増加	試合への参加が多いことは、サークルとして活発に活動していることを意味するので、特に問題はないとする。
運営経費の増加	運営経費の内容を調べ、ボールやビブスなどの次期以降も使えるものがあれば、その分については問題ないと考える。

　なお、試験では、下記の**試算表**にもとづいて、会計報告書を作成する出
題もあります。

試　算　表

テニスコート賃借料	15,000	前 期 繰 越 金	11,000
試 合 参 加 費	9,200	部 費 収 入	24,000
指 　導　 料	1,200		
運 営 経 費	6,000		
現 　　　 金	3,600		
	35,000		35,000

Section 1 のまとめ

非営利組織の会計

　現金収支が中心となるため、現金取引を「現金出納帳」に記入し、現金出納帳から元帳（総勘定元帳）に転記することがあります。

問題編

Section 1·2 自分貸借対照表を作ろう！
自分損益計算書を作ろう！

問題 **1** 貸借対照表と損益計算書の構造

基本：★★★☆☆ | 解答・解説 P.2 | 日付 / / /

▼解答欄の貸借対照表、損益計算書の空欄に入る適切な語句を、以下の語群の中から選び記入しなさい。

語群 | 収益 費用 資産 負債 純資産

貸 借 対 照 表

| ( ) | ( ) |
| | ( ) |

損 益 計 算 書

| ( ) | ( ) |
| 利　　益 | |

貸借対照表と損益計算書

問題 2 会計構造式

基本：★★★★★ ┃ 解答・解説 P.3 ┃ 日付 ┃ / ┃ / ┃ / ┃

▼次の複式記録に関する会計構造式の（　ア　）から（　エ　）の金額を求めなさい。なお、期中に、資本の追加出資や引き出しなど収益費用以外の純資産（資本）の変動はなかった。

期首：期首貸借対照表

資　　産	負　　債	純資産（資本）
750,000	450,000	（　ア　）

⇩

期中：損益計算書

収　　益	費　　用	当期純利益
（　イ　）	800,000	（　ウ　）

⇩

期末：期末貸借対照表

資　　産	負　　債	純資産（資本）
（　エ　）	600,000	400,000

（ア）	（イ）	（ウ）	（エ）
¥	¥	¥	¥

Chapter 2

仕訳ってなに？

Section 1 仕訳ってなに？

問題 1 簿記上の取引と要素

基本：★★★☆☆　　解答・解説 P.4　　日付　／　／　／

▼(1)次の取引の中で簿記上の取引となるものに○、ならないものに×を付けなさい。

①商品を現金で販売した。
②金庫の現金が盗難にあった。
③事務所の賃貸借契約を結んだ。
④従業員を１人雇うことにした。
⑤倉庫が火事で全焼した。
⑥取引銀行に現金を預け入れた。
⑦商品を現金で仕入れた。
⑧新店舗を建築することになり、その工事を建設会社に依頼した。

(1)	①		②		③		④	
	⑤		⑥		⑦		⑧	

▼(2)次の取引を（例）に従って５要素に分解しなさい。

（例）現金 ¥700,000 を出資して、商品売買業を開業した。

　　　　　　　借方要素　　　　　　　　　　貸方要素
［資　産］の（増加・~~減少~~）、［純資産（資本）］の（増加・~~減少~~）

①備品 ¥250,000 を購入し、代金を現金で支払った。
②大分商店に対する借入金 ¥140,000 を現金で返済した。
③受取利息 ¥7,000 を現金で受け取った。
④銀行から ¥20,000 を現金で借り入れた。
⑤宮城商店から貸付金 ¥20,000 の返済を現金で受けた。

(2)　　　　　　借方要素　　　　　　　　　　貸方要素
①［　　　　　］の（増加・減少）、［　　　　　］の（増加・減少）
②［　　　　　］の（増加・減少）、［　　　　　］の（増加・減少）
③［　　　　　］の（増加・減少）、［　　　　　］の（増加・減少）
④［　　　　　］の（増加・減少）、［　　　　　］の（増加・減少）
⑤［　　　　　］の（増加・減少）、［　　　　　］の（増加・減少）

問題 **2**　　**簿記上の取引**

基本：★★★★★　　解答・解説 P.5　　日付　／　　／　　／

▼帳簿に記入すべき出来事を簿記会計では"取引"という。次の1〜4の出来事の中で簿記上の取引となるものには〇、ならないものには×を解答欄に記入しなさい。

1．店舗で商品の盗難が判明したため調査したところ、商品￥20,000分がなくなっていた。

2．駐車場が必要となったため、不動産会社と駐車場（1か月の賃借料￥8,000）の賃貸借契約を結んだ。

3．火災が発生したため、倉庫として使用していた建物（帳簿価額￥500,000）が焼失した。

4．提案を受けていた新商品の購入を決定し、￥100,000分を注文した。

	1	2	3	4
正誤記入欄				

Section 1 現金と預金

問題 1 現金・普通預金取引

基本：★★★★★ | 解答・解説 P.6 | 日付 | ／ | ／ | ／

▼次の取引を仕訳しなさい。勘定科目は、下の中から最も適切と思われるものを選ぶこと。

現 金　普 通 預 金　受 取 利 息

1. 事務所で保管していた現金¥800,000を取引銀行の普通預金口座に預け入れた。
2. ＮＳ銀行に預け入れている普通預金に利息¥400が発生し、普通預金口座に入金された。
3. 事務作業用のパソコン購入や家賃支払いなどにあてるため、ＮＳ銀行の普通預金口座から現金¥300,000を引き出した（預金をおろした）。

	借 方 科 目	金 額	貸 方 科 目	金 額
1				
2				
3				

基本：★★★☆☆ | 解答・解説 P.7 | 日付 / / /

▼次の資料にもとづいて、現金出納帳への記入を行いなさい（週末の締切りも行う）。

6月1日	現金による家賃の支払い	¥ 90,000
2日	普通預金口座からの現金引出し	¥ 130,000
3日	現金による商品の購入	¥ 160,000
4日	現金による商品の販売	¥ 150,000
5日	現金による水道光熱費の支払い	¥ 2,000

×年		摘　　要	収　入	支　出	残　高
6	1	前　週　繰　越	200,000		200,000
	〃				
	2				
	3				
	4				
	5				
	〃	次　週　繰　越			
6	8	前　週　繰　越			

Section 1 **分記法**

問題 1 **分記法①**

基本：★★☆☆☆ | 解答・解説 P.8 | 日付 / / /

▼次の一連の取引について仕訳を示しなさい。
　①仕入先より商品¥25,000を現金で購入した。
　②①で仕入れた商品を得意先に¥40,000で販売し、代金を現金で受け取った。

	借　方　科　目	金　　額	貸　方　科　目	金　　額
①				
②				

問題 2 **分記法②**

基本：★★☆☆☆ | 解答・解説 P.8 | 日付 / / /

▼次の一連の取引について仕訳を示しなさい。
　①商品¥60,000を仕入れ、現金で支払った。
　②①で仕入れた商品を¥82,000で販売し、代金は普通預金口座に振り込まれた。

	借　方　科　目	金　　額	貸　方　科　目	金　　額
①				
②				

Section 2 掛取引

問題 3 掛取引①

基本：★★★★★　解答・解説 P.9　日付　／　／　／

▼次に示す取引について仕訳を示しなさい。
①仕入先から商品￥26,800 を掛けで購入した。
②商品￥46,000 を購入し、代金のうち￥20,000 は現金で支払い、残額は月末に支払うことにした。
③得意先に①で仕入れた商品を￥45,000 で販売し、代金は掛けとした。
④仕入先に対する掛代金￥18,000 を現金で支払った。
⑤得意先に対する掛代金￥16,000 を現金で受け取った。

	借 方 科 目	金 額	貸 方 科 目	金 額
①				
②				
③				
④				
⑤				

基本：★★★★★   解答・解説 P.10   **日付** ／   ／   ／

▼次の取引を仕訳しなさい。勘定科目は、下の中から最も適切と思われるものを選ぶこと。

現　　　金　普通預金　売　掛　金　商　　　品
買　掛　金　商品販売益

1．商品を1台¥20,000で5台購入し、代金のうち¥30,000は現金で支払い、残額は掛けとした。

2．先月分の買掛金¥70,000を、ＮＳ銀行の普通預金口座から取引先の銀行口座へ振り込んだ（掛代金を支払った）。

3．商品5台（原価@¥20,000）を¥180,000で販売し、代金のうち¥50,000は現金で受け取り、残額は掛けとした。

4．前月売上分の売掛金¥130,000が銀行預金（普通預金）に入金されたことを確認した。

	借 方 科 目	金 　 額	貸 方 科 目	金 　 額
1				
2				
3				
4				

Chapter 5 貸付金と借入金

Section 1 貸付金と借入金

問題 **1** 貸付金と借入金の処理①

基本：★★☆☆☆　　解答・解説 P.11　　日付　／　／　／

▼ 次の一連の取引について青森商店と山形商店の仕訳を行いなさい。

3/1　青森商店は山形商店からの資金融資の要請を受け、借用証書を受け取り、現金￥500,000を貸し付けた。

8/31　青森商店は、さきに山形商店に貸し付けた￥500,000の返済を受け、利息￥20,000とともに現金で受け取った。

青森商店

	借 方 科 目	金　　　額	貸 方 科 目	金　　　額
3/1				
8/31				

山形商店

	借 方 科 目	金　　　額	貸 方 科 目	金　　　額
3/1				
8/31				

貸付金と借入金の処理②

▼**次の取引を仕訳しなさい。勘定科目は、下の中から最も適切と思われるものを選ぶこと。**

現　　　　金　　普　通　預　金　　貸　付　金　　借　入　金
受　取　利　息　　支　払　利　息

1．取引先へ¥500,000 を貸し付け、ＮＳ銀行の普通預金口座から取引先の普通預金口座に振り込んだ。
2．取引先への貸付金¥500,000 が返済され、その利息¥3,000 とともにＮＳ銀行の普通預金口座に入金された。
3．営業資金として現金¥800,000 を取引銀行から借り入れた。
4．借入金に発生した利息¥16,000 が取引銀行の普通預金口座から引き落とされた旨の通知を受けた。
5．営業用自動車購入のために取引銀行から借りていた借入金¥900,000 を、利息¥36,000 と共に現金で返済した。

	借 方 科 目	金 　 額	貸 方 科 目	金 　 額
1				
2				
3				
4				
5				

Chapter 1
Chapter 2
Chapter 3
Chapter 4
Chapter 5
Chapter 6
Chapter 7
Chapter 8
Chapter 9
Chapter 10
Chapter 11
Chapter 12

Chapter 6 有形固定資産

Section 1 有形固定資産

問題 1 固定資産の購入

基本：★★★★★ ｜ 解答・解説 P.13 ｜ 日付 ｜ ／ ｜ ／ ｜ ／

▼次の取引について仕訳を示しなさい。

①営業用トラックを¥2,800,000 で購入し、登録費用など¥150,000 とともに普通預金口座より支払った。

②営業用の建物¥10,000,000 を購入し、普通預金口座より支払った。なお、不動産業者への手数料¥500,000 は現金で支払った。

③営業店舗に１セット¥200,000 の事務用の机といすを５セット購入し、代金は普通預金口座より支払った。なお、運送料¥40,000 については現金で支払った。

④営業店舗増設のため土地¥12,000,000 を購入し、不動産登記料、手数料など¥320,000 とあわせて現金で支払った。

	借　方　科　目	金　　額	貸　方　科　目	金　　額
①				
②				
③				
④				

資本金と引出金

資本金と引出金

問題 **1** 　**資本金と引出金の処理①**

基本：★★★☆☆ 　解答・解説 P.14 　**日付** ／ ／ ／

▼次の一連の取引について仕訳を示しなさい。

①自己資金として現金 ¥800,000 を出資して、笠原商店を開業した。

②笠原商店の店主は、個人の生命保険料 ¥30,000 をお店の現金で支払った。

③決算をむかえ、上記引出額について整理した。

	借 方 科 目	金 額	貸 方 科 目	金 額
①				
②				
③				

問題 **2** 　**資本金と引出金の処理②**

基本：★★★☆☆ 　解答・解説 P.15 　**日付** ／ ／ ／

▼次の一連の取引の仕訳をしなさい。なお、引出金勘定を用いることとする。

①店主が、現金 ¥140,000 と原価 ¥40,000 の商品を私用で消費した。

②電気料金 ¥30,000 の請求書を現金で支払い、直ちに記帳した（このうち$\frac{1}{3}$は店主個人用住宅部分に対するもの）。

③決算をむかえた。

	借 方 科 目	金 額	貸 方 科 目	金 額
①				
②				
③				

Chapter 1
Chapter 2
Chapter 3
Chapter 4
Chapter 5
Chapter 6
Chapter 7
Chapter 8
Chapter 9
Chapter 10
Chapter 11
Chapter 12

Chapter 8 費用と収益

Section 1 費用の支払い

問題 1 費用の科目

基本：★★☆☆☆　解答・解説 P.16　日付 ／　／　／

▼(1)次の勘定科目のうち費用の勘定に○を付けなさい。

広 告 費		商 品 販 売 益		支 払 家 賃	
給 料		普 通 預 金		水 道 光 熱 費	
旅 費		保 険 料		受 取 利 息	

(2)費用が発生した場合の仕訳では、費用の勘定科目は借方、貸方どちらに計上されるか。以下のいずれか正しいほうを○で囲みなさい。

借 方　　　貸 方

問題 2 費用支払時の処理

基本：★★★★★　解答・解説 P.16　日付 ／　／　／

▼次の取引を仕訳しなさい。勘定科目は、下の中から最も適切と思われるものを選ぶこと。

現 金　　給 料　　通 信 費　　水 道 光 熱 費
消 耗 品 費　　修 繕 費　　支 払 家 賃　　支 払 地 代

1．従業員に給料￥250,000 を現金で支給した。
2．郵便切手￥3,000 を購入し、代金は現金で支払った。
3．事務所の今月の水道料金￥5,000 を現金で支払った。
4．事務所で使用する目的で計算機などの文房具￥12,000 を購入し、代金は現金で支払った。
5．倉庫の補修のため、修理代金￥80,000 を現金で支払った。
6．賃借している事務所の家賃￥160,000 を現金で支払った。
7．賃借している月極駐車場の今月の使用料金￥15,000 を現金で支払った。

	借方科目	金　　額	貸方科目	金　　額
1				
2				
3				
4				
5				
6				
7				

Section 2

収益の受取り

問題 3

収益の科目

基本：★★☆☆☆　　解答・解説 P.17　　日付　　／　　／　　／

▼(1)次の勘定科目のうち収益の勘定に○を付けなさい。

広　告　費		商 品 販 売 益		支 払 家 賃	
給　　　料		普 通 預 金		支 払 利 息	
旅　　　費		保 険 料		受 取 利 息	

(2)収益が発生した場合の仕訳では、収益の勘定科目は借方、貸方どちらに計上されるか。
　以下のいずれか正しいほうを○で囲みなさい。

　　　　借　方　　　　貸　方

問題 **4** **収益受取時の処理**

基本：★★★★★ 　解答・解説 P.18　**日付** ／ ／ ／

▼次の取引を仕訳しなさい。勘定科目は、下の中から最も適切と思われるものを選ぶこと。

　現　　　　金　　普　通　預　金　　商　　　　品　　運　送　料　収　入
　商　品　販　売　益　　受　取　利　息

1．運送業を営んでいるＮＳ運輸は、配送品の運送料金として現金¥30,000を受け取った。
2．預け入れている銀行預金（普通預金）に発生した利息¥1,000が、銀行預金（普通預金）口座に入金された。
3．ＮＳ電器店は、原価¥20,000の商品1台を店頭で販売し、代金¥35,000は現金で受け取った。

	借 方 科 目	金　　額	貸 方 科 目	金　　額
1				
2				
3				

Section 4 総勘定元帳に転記してみよう

問題 1 勘定の転記①

基本：★★★★☆ 解答・解説 P.19 日付 ／ ／ ／

▼次の仕訳を解答欄の勘定口座（Ｔフォーム）に転記しなさい。

11月17日	（借）買　掛　金	100,000	（貸）普　通　預　金	100,000
11月20日	（借）備　　　品	500,000	（貸）現　　　金	500,000

現　　　金

　　　　　　　　　11/20 （　　　　）（　　　　）

普　通　預　金

　　　　　　　　　11/17 （　　　　）（　　　　）

備　　　品

11/20 （　　　）（　　　　）

買　　掛　　金

11/17 （　　　）（　　　　）

基本：★★★★☆ 解答・解説 P.20 日付 ／ ／ ／

▼ 次の仕訳を解答欄の勘定口座（Ｔフォーム）に転記しなさい。

仕 訳 帳   1

日付		摘　要	元丁	借　方	貸　方
7	10	諸　　　口　（借　入　金）			1,000,000
		（普　通　預　金）		950,000	
		（支　払　利　息）		50,000	
		備前銀行から借入れ			
	16	（交　　通　　費）		20,000	
		（現　　　　　金）			20,000
		バスの回数券を購入			

現　　金

　　　　　　　　　　7/16（　　　　　）（　　　　　）

普　通　預　金

7/10（　　　　　）（　　　　　）

借　入　金

　　　　　　　　　　7/10（　　　　　）（　　　　　）

支　払　利　息

7/10（　　　　　）（　　　　　）

交　通　費

7/16（　　　　　）（　　　　　）

基本：★★★★☆ 　解答・解説 P.21 　日付 ／ ／ ／

▼次の仕訳を解答欄の勘定口座（Ｔフォーム）に転記しなさい。

仕　訳　帳 1

日付		摘　　　　　要	元丁	借　方	貸　方
2	2	（貸　付　金）		300,000	
		（現　　　金）			300,000
		現金を甲府商店に貸し付けた。			
	10	（売　掛　金）　諸　口		420,000	
		（商　　　品）			350,000
		（商 品 販 売 益）			70,000
		A商品を@¥840 で 500 個掛売上			
	20	（現　　　金）		420,000	
		（売　掛　金）			420,000
		売掛金の回収			

現　　　金

2 /20 （　　　　）（　　　　）｜2 / 2 （　　　　）（　　　　）

売　掛　金

2 /10 （　　　　）（　　　　）｜2 /20 （　　　　）（　　　　）

商　　　品

｜2 /10 （　　　　）（　　　　）

貸　付　金

2 / 2 （　　　　）（　　　　）｜

商 品 販 売 益

｜2 /10 （　　　　）（　　　　）

勘定の転記④

▼次の仕訳を解答欄の勘定口座（Ｔフォーム）に転記しなさい。

仕　訳　帳　　　　　　　　　1

日付		摘　　　　要	元丁	借　方	貸　方
11	2	（支 払 家 賃）		150,000	
		（現　　　　金）			150,000
		事務所の家賃 11 月分支払い			
	10	（貸　付　金）　諸　　口		500,000	
		（普 通 預 金）			480,000
		（受 取 利 息）			20,000
		長崎商店への貸付			

現　　　　金

	11/ 2 （　　　　　）（　　　　　）

普 通 預 金

	11/10 （　　　　　）（　　　　　）

貸　付　金

11/10 （　　　　）（　　　　　）	

受 取 利 息

	11/10 （　　　　　）（　　　　　）

支 払 家 賃

11/ 2 （　　　　）（　　　　　）	

仕訳帳と総勘定元帳への記入

 基本：★★☆☆☆　　解答・解説 P.22　　日付 ／ ／ ／

▼次の取引を仕訳帳に記入し、総勘定元帳に転記しなさい。ただし、元丁欄には転記したもののみ記入すること。

1月 5 日　長崎銀行から現金 ¥800,000 を借り入れた。

1月10日　得意先に仕入原価 ¥50,000 の商品 を ¥70,000 で販売し、代金として現金 ¥40,000 を受け取り、残額は掛けとした。

1月25日　大川銀行からの借入金のうち ¥400,000 と利息 ¥5,000 をあわせて現金で支払った。

1月28日　売掛金 ¥15,000 を現金で受け取った。

仕　訳　帳

〔摘要欄の小書きは不要〕 1

×6年	摘　要	元丁	借　方	貸　方

総　勘　定　元　帳

現　金　　　　1

×6年	摘　要	仕丁	借　方	×6年	摘　要	仕丁	貸　方

売　掛　金　　　　3

借　入　金　　　　20

Chapter 10

決算の手続き

決算とは

問題 **1**　簿記の基本①

基本：★★★★☆　｜　解答・解説 P.23　｜　**日付**　／　／　／

▼簿記の基本に関する次の問いに答えなさい。

次の文章の中の（ア）から（ク）について、最も適切な語句を次の語群の中から選択しなさい。同じ語句を重複して使用してもよい。

【語群】

仕 訳	転 記	勘 定	総勘定元帳	補 助 簿
損益計算書	資 産	負 債	収 益	費 用
純 利 益	財政状態	経営成績	借 方	貸 方

会計帳簿には、主要簿と（　ア　）がある。簿記の主要簿としては、仕訳帳と（　イ　）がある。仕訳帳に記入することを（　ウ　）といい、総勘定元帳への記録を（　エ　）という。

また会計記録に基づいて作成される主要な財務諸表として、貸借対照表と（　オ　）がある。貸借対照表には資産と（　カ　）そして純資産（資本）が対照的に記載される。一般に、貸借対照表は、企業の（　キ　）を表していると説明される。なお、資産は、貸借対照表の（　ク　）側に記載される。

ア		イ		ウ		エ	
オ		カ		キ		ク	

基本：★★★★☆　解答・解説 P.24　**日付**　｜　／　｜　／　｜　／

▼次の文章の中の（ア）から（コ）について、最も適切な語句を次の語群の中から選択しなさい。同じ語句を重複して使用してもよい。

【語群】

合　　計	仕　　訳	転　　記	勘　　定
締　切　線	借　　方	貸　　方	右
左	損益計算書	財政状態	経営成績
負　　債	収　　益	純利益	

　会計帳簿の主要簿には、仕訳帳と総勘定元帳がある。仕訳帳に記入することを（ア）といい、総勘定元帳への記録を（イ）という。総勘定元帳の各勘定口座の左側を（ウ）と呼び、右側を（エ）と呼ぶ。そして会計記録に基づいて作成される主要な財務諸表には、貸借対照表と（オ）がある。貸借対照表は、資産と（カ）、そして純資産（資本）を収容し、一般に、企業の（キ）を表していると説明される。一方、後者は、（ク）と費用の差額として（ケ）を計算し、一般に、企業の（コ）を表していると説明される。

ア		イ		ウ	
エ		オ		カ	
キ		ク		ケ	
コ					

Section 2

試算表の作成

問題 3　**試算表（合計残高試算表）①**

基本：★★★☆☆　｜　解答・解説 P.25　｜　**日付**　｜　／　｜　／　｜　／

▼次の勘定口座にもとづいて、合計残高試算表を作成しなさい。なお、相手勘定科目は省略してある。

	現	金		1
6/1	50,000	6/11	15,000
2	25,000	18	3,000
15	25,000	26	9,000
		30	10,000

	商	品		2
6/11	15,000	6/15	10,000

	借 入 金		3
6/30	10,000	6/2	25,000

	資 本 金		4
		6/1	50,000

	商品販売益		5
		6/15	15,000

	通 信 費		6
6/18	3,000		

	給 料		7
6/26	9,000		

合 計 残 高 試 算 表

借方残高	借方合計	元丁	勘定科目	貸方合計	貸方残高
		1	現　　　　金		
		2	商　　　　品		
		3	借　入　金		
		4	資　本　金		
		5	商 品 販 売 益		
		6	通　信　費		
		7	給　　　　料		

試算表（合計残高試算表）②

基本：★★★★☆　解答・解説 P.26　日付　／　／　／

下記の(1)〜(3)の各問に答えなさい。

▼(1)次の一連の取引について仕訳を示しなさい。

①現金 ¥400,000 を元入れして雑貨店を開業した。
②通信費 ¥100,000 を現金で支払った。
③銀行より ¥220,000 を現金で借り入れた。
④商品を ¥80,000 で仕入れ、代金を現金で支払った。
⑤④で仕入れた商品を ¥120,000 で販売し、代金を現金で受け取った。
⑥借入金に対する利息 ¥2,000 を現金で支払った。
⑦備品 ¥92,000 を購入し、代金は現金で支払った。
⑧水道光熱費 ¥15,000 を現金で支払った。
⑨給料 ¥62,000 を現金で支払った。
⑩当月分の家賃 ¥12,000 を現金で支払った。

(1)

	借　方　科　目	金　　　額	貸　方　科　目	金　　　額
①				
②				
③				
④				
⑤				
⑥				
⑦				
⑧				
⑨				
⑩				

▼(2)(1)の仕訳にもとづいて総勘定元帳の各勘定口座へ転記しなさい。なお、転記にあたっ
ては、問題番号、相手勘定科目と金額を記入すること。

(2)

現　　金

商品販売益

給　　料

通　信　費

商　　品

水道光熱費

備　　品

支払家賃

借　入　金

支払利息

資　本　金

▼(3)(2)の勘定記入にもとづいて、合計残高試算表を作成しなさい。

(3)

合 計 残 高 試 算 表

借 方		勘定科目	貸 方	
残　　高	合　　計		合　　計	残　　高
		現　　　　金		
		商　　　　品		
		備　　　　品		
		借　　入　　金		
		資　　本　　金		
		商 品 販 売 益		
		給　　　　料		
		通　信　費		
		水 道 光 熱 費		
		支 払 家 賃		
		支 払 利 息		

Section 1 **精算表**

問題 1 **精算表の作成①**

基本：★★★★☆ 　解答・解説 P.28 　日付 ／ ／ ／

▼次の元帳残高により、精算表を作成しなさい。

元帳残高

現　　　　　金	¥	154,000	普 通 預 金	¥	1,136,000	売　　掛　　金	¥	3,270,000
貸　　付　　金		500,000	商　　　　　品		570,000	備　　　　　品		4,500,000
買　　掛　　金		2,980,000	借　　入　　金		2,000,000	資　　本　　金		4,500,000
商 品 販 売 益		2,475,000	受 取 利 息		45,000	給　　　　　料		942,000
交　　通　　費		270,000	通　　信　　費		133,000	消 耗 品 費		9,800
修　　繕　　費		37,600	支 払 家 賃		330,000	支 払 利 息		140,000
雑　　　　　費		7,600						

精　算　表

勘 定 科 目	残 高 試 算 表		損 益 計 算 書		貸 借 対 照 表	
	借　方	貸　方	借　方	貸　方	借　方	貸　方
現　　　　　金						
普　通　預　金						
売　　掛　　金						
貸　　付　　金						
商　　　　　品						
備　　　　　品						
買　　掛　　金						
借　　入　　金						
資　　本　　金						
商 品 販 売 益						
受　取　利　息						
給　　　　　料						
交　　通　　費						
通　　信　　費						
消　耗　品　費						
修　　繕　　費						
支　払　家　賃						
支　払　利　息						
雑　　　　　費						
当期純（　　　）						

基本：★★★★☆　　解答・解説 P.30　　**日付**　　／　　　／　　　／

▼**次の元帳残高により、精算表を作成しなさい。**

元帳残高

現　　　　　金	¥	300,000	普 通 預 金	¥	1,500,000	売　掛　金	¥	830,000
貸　付　金		800,000	商　　　　品		1,200,000	備　　　品		4,300,000
買　掛　金		800,000	借　入　金		1,500,000	資　本　金		6,500,000
商品販売益		1,180,000	受 取 利 息		20,000	給　　　料		600,000
広　告　費		55,000	交　通　費		80,000	通　信　費		20,000
消 耗 品 費		3,000	修　繕　費		7,000	支 払 家 賃		270,000
支 払 利 息		35,000						

精 算 表

勘定科目	残 高 試 算 表		損 益 計 算 書		貸 借 対 照 表	
	借 方	貸 方	借 方	貸 方	借 方	貸 方
現　　　　　金						
普 通 預 金						
売 　掛 　金						
貸 　付 　金						
商　　　　　品						
備　　　　　品						
買 　掛 　金						
借 　入 　金						
資 　本 　金						
商 品 販 売 益						
受 取 利 息						
給　　　　　料						
広 　告 　費						
交 　通 　費						
通 　信 　費						
消 耗 品 費						
修 　繕 　費						
支 払 家 賃						
支 払 利 息						
当期純（　　　）						

問題 3 貸借対照表と損益計算書の作成①

基本：★★★★☆　　解答・解説 P.31　　日付　／　／　／

▼次の元帳残高により、貸借対照表と損益計算書を作成しなさい。

元帳残高

現　　　金	¥	80,000	普 通 預 金	¥	2,060,000	売 掛 金	¥	630,000
商　　　品		330,000	貸 付 金		1,000,000	備　　品		2,300,000
買 掛 金		400,000	借 入 金		2,500,000	資 本 金		3,000,000
商品販売益		2,957,000	受 取 利 息		15,000	給　　料		1,157,000
広 告 費		185,000	交 通 費		70,000	通 信 費		110,000
消 耗 品 費		77,000	修 繕 費		93,000	支 払 家 賃		710,000
支 払 利 息		70,000						

貸 借 対 照 表

NS商店　　　　　　　　　　　　×1年12月31日　　　　　　　　　　　　（単位：円）

資　　　産	金　額	負債および純資産	金　額
現　　　　金		買　　掛　　金	
普 通 預 金		借　　入　　金	
売　　掛　　金		（　　　　　　）	
商　　　　品		（　　　　　　）	
貸　　付　　金			
（　　　　　　）			

損 益 計 算 書

NS商店　　　　　　　×1年1月1日〜×1年12月31日　　　　　　（単位：円）

費　　　用	金　額	収　　　益	金　額
給　　　　料		商 品 販 売 益	
広　　告　　費		（　　　　　　）	
交　　通　　費			
通　　信　　費			
消 耗 品 費			
修　　繕　　費			
支 払 家 賃			
支 払 利 息			
（　　　　　　）			

貸借対照表と損益計算書の作成②

基本：★★★★☆　解答・解説 P.33　日付　／　／　／

▼次の元帳残高により、貸借対照表と損益計算書を作成しなさい。

元帳残高

現　　　　金 ¥ 200,000	普 通 預 金 ¥ 1,200,000	売　掛　金 ¥ 700,000
商　　　　品 350,000	貸　付　金 1,700,000	備　　　　品 4,000,000
買　掛　金 650,000	借　入　金 1,500,000	資　本　金 5,500,000
商 品 販 売 益 2,180,000	受 取 利 息 20,000	給　　　　料 750,000
広　告　費 200,000	交　通　費 90,000	通　信　費 70,000
消 耗 品 費 20,000	修　繕　費 150,000	支 払 家 賃 350,000
支 払 利 息 70,000		

貸 借 対 照 表

ＮＳ商店　　　　　　　　　　×１年 12 月 31 日　　　　　　　　　（単位：円）

資　　　産	金　　額	負債および純資産	金　　額
現　　　　　金		買　　掛　　金	
普　通　預　金		借　　入　　金	
売　　掛　　金		（　　　　　）	
商　　　　　品		当 期 純（　　　）	
貸　　付　　金			
（　　　　　　）			

損 益 計 算 書

ＮＳ商店　　　　　　　×１年１月１日〜×１年 12 月 31 日　　　　　（単位：円）

費　　　用	金　　額	収　　　益	金　　額
給　　　　　料		（　　　　　）	
広　　告　　費		受 取 利 息	
交　　通　　費			
通　　信　　費			
消　耗　品　費			
修　　繕　　費			
支 払 家 賃			
支 払 利 息			
当 期 純（　　）			

帳簿の締切り

問題 **5**　　決算振替記入と帳簿の締切り

基本：★★★★☆　　解答・解説 P.34　　**日付**　　／　　　／　　　／

▼次ページの諸勘定を締め切るため、次の(1)から(3)に答えなさい。

(1) 勘定残高の損益勘定への振替仕訳を示しなさい。

①収益の振替え

借　方　科　目	金　　額	貸　方　科　目	金　　額

②費用の振替え

借　方　科　目	金　　額	貸　方　科　目	金　　額

(2) 上記決算振替仕訳にもとづいて、次ページの各勘定に転記しなさい。

(3) 純損益の振替仕訳を示したのち転記し、各帳簿を締切りなさい。

損益勘定から資本金勘定への振替え

借　方　科　目	金　　額	貸　方　科　目	金　　額

給 料	
現　　金　125,000	

水道光熱費	
現　　金　43,000	

広　告　費	
現　　金　34,000	

支 払 家 賃	
現　　金　61,000	

商品販売益	
	現　　金　75,000
	現　　金　105,000
	現　　金　65,000

受 取 利 息	
	現　　金　21,000
	現　　金　17,000

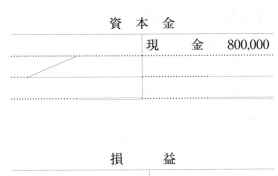

資　本　金

現　　金　800,000

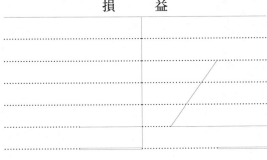

損　　益

非営利団体の会計

問題 1　計算構造

基本：★★★☆☆　解答・解説 P.37　日付　／　／　／

▼次の複式記録に関する会計構造式の（　ア　）から（　エ　）の金額を求めなさい。

<非営利団体>

期首：期首繰越（高）

現金有高	繰越金
（　ア　）	133,000

⇩

期中：期中収支計算

収　入	支　出	期中収入増加
512,000	（　イ　）	（　ウ　）

⇩

期末：期末繰越（高）

現金有高	繰越金
（　エ　）	184,000

なお、管理しているのは、現金のみである。

（ア）	（イ）	（ウ）	（エ）
¥	¥	¥	¥

問題 2　現金出納帳への記入

基本：★★★★☆　解答・解説 P.38　日付　／　／　／

▼次の現金による取引を現金出納帳に記入するとともに、元帳記入も完成しなさい。使用する勘定科目は（　　）で示している。

2月5日　マンション共用部分の電気料金￥14,200を現金で支払った。（水道光熱費）
　　7日　管理人室用のボールペンなどの文房具代￥3,400を現金で支払った。（消耗品費）
　　10日　マンションの住民から2月分の管理費￥180,000を現金で集金した。（管理費収入）

現金出納帳　＜9＞

日付		摘要		丁数	借方（収入）	貸方（支出）	有高（残高）
			勘定科目				
2	1	前月繰越		✓	64,500		64,500
	5	電気料金	（　　）	＜　　＞		[　　]	[　　]
	7	文房具代金	（　　）	＜　　＞		[　　]	[　　]
	10	管理費2月分	（　　）	＜　　＞	[　　]		[　　]

＜1＞　**管理費収入**

日付		摘要	丁数	借方	日付		摘要	丁数	貸方
					2	10	（　　）	＜　　＞	[　　]

＜3＞　**水道光熱費**

2/5　（　　）＜　　＞[　　]	

＜6＞　**消耗品費**

2/7　（　　）＜　　＞[　　]	

基本：★★★★★ | 解答・解説 P.39 | 日付 ／ ／ ／

▼バレーボール同好会の次の試算表（現金出納帳と元帳制を採っている）により、会計報告書（報告式）を作成しなさい。

試　算　表

練 習 場 使 用 料	160,000	前 期 繰 越 金	90,000
大 会 参 加 費	80,000	会 費 収 入	310,000
消 耗 品 費	50,000		
現　　　　　金	110,000		
	400,000		400,000

＊項目（勘定科目）と金額は、問題のため少なくしている。

【解答にあたっての注意】　支出項目の配列は試算表の配列によること。

バレーボール同好会会計報告書

自×1年4月1日　至×2年3月31日

会　長　　○野　○男
会　計　　△藤　△子

収入の部：　　　前 期 繰 越 金　　[　　　　　　　]
　　　　　　　（　　　　　　　　）　[　　　　　　　]　[　　　　　　　　　　]
支出の部：　　（　　　　　　　　）　[　　　　　　　]
　　　　　　　（　　　　　　　　）　[　　　　　　　]
　　　　　　　（　　　　　　　　）　[　　　　　　　]　[　　　　　　　　　　]
　　　　　　次 期 繰 越 金　　　　　　　　　　　　　[　　　　　　　　　　]

問題 4 会計報告書（勘定式）

基本：★★★★★　解答・解説 P.40　日付　／　／　／

▼マンション管理組合の次の現金出納帳の記録により、5月の会計報告書（勘定式）を作成しなさい。

現　金　出　納　帳　　　　　＜ 4 ＞

日付		摘　　　　要		丁数	借方（収入）	貸方（支出）	有高（残高）
		摘　要	勘 定 科 目				
5	1	前　月　繰　越		✓	240,000		240,000
	2	共用部 LED 電球購入	消 耗 品 費	6		10,000	230,000
	5	管理費集金（5月分）	管 理 費 収 入	1	180,000		410,000
	20	管理人室電話料金（4月分）	通　信　費	5		8,000	402,000
	28	共 有 部 ド ア 修 理	修　繕　費	7		52,000	350,000
	31	次　月　繰　越		✓		350,000	
					420,000	420,000	

【解答にあたっての注意】　支出項目の配列は元帳の丁数の順によること。

マンション管理組合会計報告書
自×1年5月1日　至×1年5月31日

会　長　　○野　○男
会　計　　△藤　△子

【支出の部】　　　　　　　　　　　　　　　　　　　　　　　【収入の部】

項　　　　　目	金　　額	項　　　　　目	金　　額
（　　　　　　　　）		前 月 繰 越 金	
（　　　　　　　　）		（　　　　　　　　）	
（　　　　　　　　）			
次　月　繰　越　金			

わかった気になっちゃいけない！

　実力がつく問題の解き方をお伝えしましょう。

①まず、とにかく解く

　このとき、自信がないところも想像を働かせて、できる限り解答用紙を埋める。

②次に、採点をして解説を見る

　このとき、自分が解答できなかったところまで含めて、すべての解説に目を通しておく。

　ここでわかった気になって、次の問題に行くと、これまでの努力が水泡に帰す。

　分かった気になっただけでは、試験での得点にはならない。

　だから、これをやってはいけない！

③すぐに、もう一度 " 真剣に " 解く。

　ここで、わかっているからと気を抜いて解いてはいけない。

　真剣勝負で解く。そうすればわかっている所は、頭に定着するし、わかっていないところも「わかっていない」ことがはっきりする。

④最後に、わかっていないところを復習しておく。

　つまり、勉強とは「自分がわかっている所と、わかっていないところを峻別する作業」なのです。

　こうして峻別して、わかっていないところをはっきりさせておけば、試験前の総復習もしやすく、確実に実力をつけていくことができますよ。

解答・解説編

Chapter 1

身のまわりの簿記

Section 1·2 自分貸借対照表を作ろう！ 自分損益計算書を作ろう！

 問題 1 貸借対照表と損益計算書の構造

解答

貸借対照表	
（ 資 産 ）	（ 負 債 ）
	（ 純資産 ）

損益計算書	
（ 費 用 ）	（ 収 益 ）
利 益	

テキスト p.1-4 ～ 13
参照

Section 3 貸借対照表と損益計算書

問題 2 会計構造式

解答

（ア）	（イ）	（ウ）	（エ）
¥　300,000	¥　900,000	¥　100,000	¥　1,000,000

解説

（ア）「純資産等式：資産 − 負債 ＝ **純資産**」より、
　　　¥750,000 − ¥450,000 ＝ ¥**300,000**

（エ）「貸借対照表等式：**資産** ＝ 負債 ＋ 純資産」より、
　　　¥600,000 ＋ ¥400,000 ＝ ¥**1,000,000**

（ウ）「財産法の公式：期末純資産 − 期首純資産 ＝ **当期純利益**」より、
　　　¥400,000 − ¥300,000 ＝ ¥**100,000**
　　　　　　　　　　（ア）

（イ）「損益計算書等式：費用 ＋ 当期純利益 ＝ **収益**」より、
　　　¥800,000 ＋ ¥100,000 ＝ ¥**900,000**
　　　　　　　　　　（ウ）

テキスト p.1-16 〜 17
参照

Chapter 1
Chapter 2
Chapter 3
Chapter 4
Chapter 5
Chapter 6
Chapter 7
Chapter 8
Chapter 9
Chapter 10
Chapter 11
Chapter 12

Section 1　仕訳ってなに？

問題 1　簿記上の取引と要素

解答

(1)

①	○	②	○	③	×	④	×
⑤	○	⑥	○	⑦	○	⑧	×

簿記上の取引であるかどうかは、企業の資産・負債・純資産（資本）に変化があったかどうかによって判断します。

(2)　　　　　　　借方要素　　　　　　　　　　貸方要素
① ［ 資　産 ］の（増加・減少）、［ 資　産 ］の（増加・減少）
② ［ 負　債 ］の（増加・減少）、［ 資　産 ］の（増加・減少）
③ ［ 資　産 ］の（増加・減少）、［ 収　益 ］の（増加・減少）
④ ［ 資　産 ］の（増加・減少）、［ 負　債 ］の（増加・減少）
⑤ ［ 資　産 ］の（増加・減少）、［ 資　産 ］の（増加・減少）

解説

(1) ①商品を売り上げ、現金が増えた　　⑤倉庫（建物）がなくなった
　　②現金が減った　　　　　　　　　　⑥現金が減り、預金が増えた
　　③なんら増減なし　　　　　　　　　⑦商品を仕入れ、現金が減った
　　④なんら増減なし　　　　　　　　　⑧なんら増減なし

(2) 取引要素の結合関係を示すと、次のようになります。①～⑤の取引が
　　このうちのどれに相当するのかを確認してください。なお、図中の実
　　線で示されているものが代表的なものです。

取引要素の結合関係

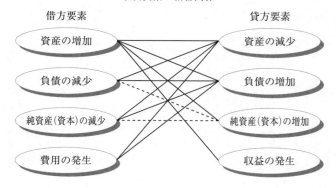

借方要素
　資産の増加
　負債の減少
　純資産(資本)の減少
　費用の発生

貸方要素
　資産の減少
　負債の増加
　純資産(資本)の増加
　収益の発生

テキスト p.2-2 ～ 9
参照

簿記上の取引

解答

	1	2	3	4
正誤記入欄	○	×	○	×

解説

1. 商品（資産）が減少しているため、簿記上の取引となります。
2. 契約を結んだだけであり、現金等の資産の増減がないため、簿記上の取引とはなりません。
3. 建物（資産）が減少しているため、簿記上の取引となります。
4. 商品を注文しただけであり、現金等の資産の増減がないため、簿記上の取引とはなりません。

テキスト p.2-2 〜 9
参照

現金と預金

問題 **1**　現金・普通預金取引

解答

	借方科目	金　額	貸方科目	金　額
1	普 通 預 金	800,000	現　　　　　金	800,000
2	普 通 預 金	400	受 取 利 息	400
3	現　　　　　金	300,000	普 通 預 金	300,000

解説

1. 現金を普通預金口座に預け入れたので、**(借)** 普通預金（資産）の増加、**(貸)** 現金（資産）の減少として処理します。
2. 普通預金口座に利息が入金されたので、**(借)** 普通預金（資産）の増加、**(貸)** 受取利息（収益）の発生として処理します。
3. 普通預金口座から現金を引き出したので、**(借)** 現金（資産）の増加、**(貸)** 普通預金（資産）の減少として処理します。

テキスト p.3-2 〜 5
参照

問題 2 現金出納帳

解答

×年		摘　　　要	収　入	支　出	残　高
6	1	前　週　繰　越	200,000		200,000
	〃	家　賃　の　支　払　い		90,000	110,000
	2	普通預金口座からの引出し	130,000		240,000
	3	商　品　の　購　入		160,000	80,000
	4	商　品　の　販　売	150,000		230,000
	5	水道光熱費の支払い		2,000	228,000
	〃	次　週　繰　越		228,000	
			480,000	480,000	
6	8	前　週　繰　越	228,000		228,000

解説

1．記帳方法
　(1)摘要欄：取引の内容を簡単に記入します[01]。
　(2)収入・支出欄：現金の増加は収入欄に、現金の減
　　　　　　　　　　少は支出欄に記入します。
　(3)残高欄：残高を記入します。
2．締切方法
　(1)次週繰越の金額を支出欄に記入します。
　(2)二重線で締め切った後、日付欄に翌週始めの日付、
　　摘要欄に前週繰越、収入欄と残高欄に繰り越され
　　た金額を記入します。

[01] 内容がわかる程度で
よいでしょう。

テキスト p.3-3
参照

Section 1 分記法

問題 **1** 分記法①

解答

	借 方 科 目	金 額	貸 方 科 目	金 額
①	商 品⁰¹⁾	25,000	現 金	25,000
②	現 金	40,000	商 品⁰¹⁾	25,000
			商 品 販 売 益⁰¹⁾	15,000

01) 分記法とは、商品、商品販売益の２つの勘定に分けて記帳する方法です。

解説

①分記法では、商品の購入取引は商品勘定で処理します。

②分記法では、商品の販売取引は販売価格と仕入原価の差額を商品販売益勘定で処理します。

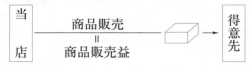

テキスト p.4-2 ～ 3 参照

問題 **2** 分記法②

解答

	借 方 科 目	金 額	貸 方 科 目	金 額
①	商 品	60,000	現 金	60,000
②	普 通 預 金	82,000	商 品	60,000
			商 品 販 売 益	22,000

解説

①商品の購入は、商品勘定の借方に記入します。
②商品の販売は、販売した商品の仕入原価分だけ商品勘定の貸方に記入するとともに、販売価格と仕入原価との差額を商品販売益勘定の貸方に記入します。

テキスト p.4-2 ～ 3
参照

掛取引

Chapter 1
Chapter 2
Chapter 3
Chapter 4
Chapter 5
Chapter 6
Chapter 7
Chapter 8
Chapter 9
Chapter 10
Chapter 11
Chapter 12

問題 **3** ── **掛取引①**

解答

	借 方 科 目	金 額	貸 方 科 目	金 額
①	商　　　　品	26,800	買　　掛　　金	26,800
②	商　　　　品	46,000	現　　　　　金	20,000
			買　　掛　　金	26,000
③	売　　掛　　金	45,000	商　　　　　品	26,800
			商 品 販 売 益	18,200
④	買　　掛　　金	18,000	現　　　　　金	18,000
⑤	現　　　　金	16,000	売　　掛　　金	16,000

解説

①「掛け」とあるので、代金が未払いであることがわかります。これは買掛金勘定で処理します。
②代金の一部は月末払いとして、仕入代金の未払いとなるので、買掛金勘定で処理します。
　　¥46,000 − ¥20,000 ＝ ¥26,000
③「掛け」とあるので、代金が未回収であることがわかります。これは売掛金勘定で処理します。
④買掛金の支払いです。買掛金勘定の借方に記入し、仕入債務を減少させます。
⑤売掛金の回収です。売掛金勘定の貸方に記入し、売上債権を減少させます。

テキスト p.4-4 ～ 6
参照

解答

	借方科目	金　額	貸方科目	金　額
1	商　　　　品	100,000	現　　　　金	30,000
			買　　掛　　金	70,000
2	買　　掛　　金	70,000	普　通　預　金	70,000
3	現　　　　金	50,000	商　　　　品	100,000
	売　　掛　　金	130,000	商 品 販 売 益	80,000
4	普　通　預　金	130,000	売　　掛　　金	130,000

解説

1. 商品を購入したので、**(借)** 商品（資産）の増加として処理します。また、代金は一部現金で支払い、残額は掛けとしたので、**(貸)** 現金（資産）の減少、買掛金（負債）の増加として処理します。

   商　品：@￥20,000 × 5台 ＝ ￥100,000
   買掛金：￥100,000 － ￥30,000 ＝ ￥70,000
   　　　　　　　　　　　残額

2. 掛代金を普通預金口座から支払ったので、**(借)** 買掛金（負債）の減少、**(貸)** 普通預金（資産）の減少として処理します。

3. 代金は一部現金で受け取り、残額は掛けとしたので、**(借)** 現金（資産）の増加、売掛金（資産）の増加として処理します。また、商品を販売したので、**(貸)** 商品（資産）の減少、商品販売益（収益）の発生として処理します。

   売　掛　金：￥180,000 － ￥50,000 ＝ ￥130,000
   　　　　　　　　　　　　　　残額

   商　　　　品：@￥20,000 × 5台 ＝ ￥100,000
   商品販売益：￥180,000 － ￥100,000 ＝ ￥80,000
   　　　　　　　　売価　　　　　　原価

4. 売掛金が普通預金口座に入金されたので、**(借)** 普通預金（資産）の増加、**(貸)** 売掛金（資産）の減少として処理します。

テキスト p.4-4 〜 6 参照

 Chapter 5 貸付金と借入金

貸付金と借入金

問題 1 貸付金と借入金の処理①

解答

青森商店

	借　方　科　目	金　　額	貸　方　科　目	金　　額
3/1	貸　　付　　金	500,000	現　　　　　金	500,000
8/31	現　　　　　金	520,000	貸　　付　　金	500,000
			受　取　利　息	20,000

山形商店

	借　方　科　目	金　　額	貸　方　科　目	金　　額
3/1	現　　　　　金	500,000	借　　入　　金	500,000
8/31	借　　入　　金	500,000	現　　　　　金	520,000
	支　払　利　息	20,000		

解説

青森商店の仕訳

3/1　借用証書を受け取り、資金を貸し付けたときには、貸付金勘定を用いて処理します。

8/31　貸付金の返済を受けたときは、貸付金（資産）の減少として処理します。

山形商店の仕訳

3/1　借用証書を作成して資金を借り入れたときは、借入金（負債）の増加として処理します。

 テキスト p.5-2 ～ 3 参照

問題 2 貸付金と借入金の処理②

解答

	借方科目	金　額	貸方科目	金　額
1	貸　付　金	500,000	普　通　預　金	500,000
2	普　通　預　金	503,000	貸　付　金	500,000
			受　取　利　息	3,000
3	現　　　　金	800,000	借　入　金	800,000
4	支　払　利　息	16,000	普　通　預　金	16,000
5	借　入　金	900,000	現　　　　金	936,000
	支　払　利　息	36,000		

解説

1. 普通預金口座から貸し付けたので、**(借)** 貸付金（資産）の増加、**(貸)** 普通預金（資産）の減少として処理します。

2. 普通預金口座に入金されたので、**(借)** 普通預金（資産）の増加として処理します。また、貸付金の回収と利息の受取りがあったので、**(貸)** 貸付金（資産）の減少、受取利息（収益）の発生として処理します。

   普通預金：¥500,000 ＋ ¥3,000 ＝ ¥503,000

3. 現金を借り入れたので、**(借)** 現金（資産）の増加、**(貸)** 借入金（負債）の増加として処理します。

4. 借入金に対する利息が普通預金口座から引き落とされたので、**(借)** 支払利息（費用）の発生、**(貸)** 普通預金（資産）の減少として処理します。

5. 借入金を利息と共に返済したので、**(借)** 借入金（負債）の減少、支払利息（費用）の発生として処理します。また、現金で返済したので、**(貸)** 現金（資産）の減少として処理します。

   現金：¥900,000 ＋ ¥36,000 ＝ ¥936,000

テキスト p.5-2 ～ 3 参照

Chapter 6 有形固定資産

Chapter 1
Chapter 2
Chapter 3
Chapter 4
Chapter 5
Chapter 6
Chapter 7
Chapter 8
Chapter 9
Chapter 10
Chapter 11
Chapter 12

Section
1 有形固定資産

問題 **1** 固定資産の購入

解答

	借 方 科 目	金 額	貸 方 科 目	金 額
①	車 両 運 搬 具	2,950,000	普 通 預 金	2,950,000
②	建 物	10,500,000	普 通 預 金	10,000,000
			現 金	500,000
③	備 品	1,040,000	普 通 預 金	1,000,000
			現 金	40,000
④	土 地	12,320,000	現 金	12,320,000

テキスト p.6-2 〜 3
参照

解説

　取得原価は、購入代価に付随費用を加算することにより算定します。

①　￥2,800,000 ＋ ￥150,000 ＝ ￥2,950,000
　　　購入代価　　　　付随費用　　　　　取得原価

②　￥10,000,000 ＋ ￥500,000 ＝ ￥10,500,000
　　　購入代価　　　　付随費用　　　　　取得原価

③　￥1,000,000 ＋ ￥40,000 ＝ ￥1,040,000
　　　購入代価　　　　付随費用　　　　　取得原価

④　￥12,000,000 ＋ ￥320,000 ＝ ￥12,320,000
　　　購入代価　　　　付随費用　　　　　取得原価

問題 **1** 資本金と引出金の処理①

解答

借 方 科 目	金 額	貸 方 科 目	金 額
① 現　　　　金	800,000	資　本　金	800,000
② 引　出　金[01]	30,000	現　　　金	30,000
③ 資　本　金	30,000	引　出　金	30,000

解説

①個人企業における、開業時の仕訳です。

②「個人の生命保険料」とあるので、引出金勘定の借方に記入します。

③引出金は決算時に資本金（純資産）の減少として処理します。[02]

　参考：引出金勘定を用いない処理

　　引出金の処理については、引出金勘定を用いずに、資本金勘定で処理する方法もあります。

　　本問について引出金勘定を使用しない場合、②と③は次のようになります。

②　（借）資　本　金　30,000　（貸）現　　　金　30,000

③　　仕訳なし

01) 引出金勘定は、個人企業において、店主利用の支出を表す勘定です。期末に借方残高があれば、資本金勘定へ振り替えます。

02) 資本金が減少します。資本金勘定への振替えは決算時にまとめて行います。

テキスト p.7-2 〜 3 参照

問題 **2** 　**資本金と引出金の処理②**

解答

	借 方 科 目	金 額	貸 方 科 目	金 額
①	引 　 出 　 金	180,000	現　　　　金	140,000
			商　　　　品	40,000
②	水 道 光 熱 費	20,000	現　　　　金	30,000
	引 　 出 　 金	10,000		
③	資 　 本 　 金	190,000	引 　 出 　 金	190,000

解説

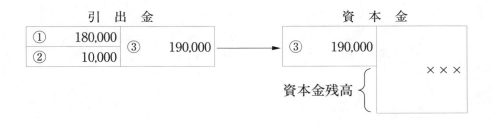

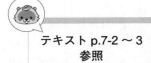

テキスト p.7-2 〜 3
参照

Section 1 費用の支払い

問題 1 費用の科目

解答

(1)

広 告 費	○	商 品 販 売 益		支 払 家 賃	○
給 料	○	普 通 預 金		水 道 光 熱 費	○
旅 費	○	保 険 料	○	受 取 利 息	

(2)

　　借　方　　　貸　方

解説

　　勘定科目は問題をどんどん解いていくことで自然に覚えてしまいますから暗記する必要はありません。しかし、どのようなものが費用[01]になるのかは理解しておく必要があります。またとても重要なのが、費用が発生したら借方側に仕訳するということです。

　　簿記の五要素とそのホームポジションをしっかりと把握することが簿記ができるようになるコツです。

01) 払ったら返ってこないものが費用

テキスト p.8-2 〜 3
参照

問題 2 費用支払時の処理

解答

	借 方 科 目	金 額	貸 方 科 目	金 額
1	給 料	250,000	現 金	250,000
2	通 信 費	3,000	現 金	3,000
3	水 道 光 熱 費	5,000	現 金	5,000
4	消 耗 品 費	12,000	現 金	12,000
5	修 繕 費	80,000	現 金	80,000
6	支 払 家 賃	160,000	現 金	160,000
7	支 払 地 代	15,000	現 金	15,000

解説

1．給料を現金で支払ったので、**(借)** 給料（費用）の発生、**(貸)** 現金（資産）の減少として処理します。
2．郵便切手代金を現金で支払ったので、**(借)** 通信費（費用）の発生、**(貸)** 現金（資産）の減少として処理します。
3．水道料金を現金で支払ったので、**(借)** 水道光熱費（費用）の発生、**(貸)** 現金（資産）の減少として処理します。
4．文房具（消耗品）代金を現金で支払ったので、**(借)** 消耗品費（費用）の発生、**(貸)** 現金（資産）の減少として処理します。
5．修理代金を現金で支払ったので、**(借)** 修繕費（費用）の発生、**(貸)** 現金（資産）の減少として処理します。
6．家賃を現金で支払ったので、**(借)** 支払家賃（費用）の発生、**(貸)** 現金（資産）の減少として処理します。
7．駐車場料金を現金で支払ったので、**(借)** 支払地代（費用）の発生、**(貸)** 現金（資産）の減少として処理します。

テキスト p.8-2 ～ 3
参照

Section 2 収益の受取り

問題 3 収益の科目

解答

(1)

広　告　費		商　品　販　売　益	○	支　払　家　賃	
給　　　　料		普　通　預　金		支　払　利　息	
旅　　　　費		保　険　料		受　取　利　息	○

(2)

借　方　　　⟨貸　方⟩

テキスト p.8-4
参照

Chapter 1
Chapter 2
Chapter 3
Chapter 4
Chapter 5
Chapter 6
Chapter 7
Chapter 8
Chapter 9
Chapter 10
Chapter 11
Chapter 12

解答

	借方科目	金　額	貸方科目	金　額
1	現　　　　金	30,000	運 送 料 収 入	30,000
2	普 通 預 金	1,000	受 取 利 息	1,000
3	現　　　　金	35,000	商　　　　品	20,000
			商 品 販 売 益	15,000

解説

1．運送料金を現金で受け取ったので、**(借)** 現金（資産）の増加、**(貸)** 運送料収入（収益）の発生として処理します。

2．利息が普通預金口座に入金されたので、**(借)** 普通預金（資産）の増加、**(貸)** 受取利息（収益）の発生として処理します。

3．代金は現金で受け取ったので、**(借)** 現金（資産）の増加として処理します。また、商品を販売したので、**(貸)** 商品（資産）の減少、商品販売益（収益）の発生として処理します。

　　商品販売益：￥35,000 － ￥20,000 ＝ ￥15,000
　　　　　　　　　　売価　　　　　原価

テキスト p.8-4
参照

総勘定元帳に転記してみよう

問題 **1**　勘定の転記①

解答

	現　　　金	
	11/20（備　　品）（ 500,000 ）

テキスト p.9-8 ～ 10
参照

	普　通　預　金	
	11/17（買　掛　金）（ 100,000 ）

備　　　品	
11/20（現　　金）（ 500,000 ）	

買　　掛　　金	
11/17（普　通　預　金）（ 100,000 ）	

解説

　　仕訳を勘定口座に転記するときには、仕訳の借方科目・金額
は勘定口座の借方に、仕訳の貸方科目・金額は勘定口座の貸方
に転記します。仕訳の借方側の項目を貸方に記入したりするこ
とはありません。

問題 2) 勘定の転記②

解答

テキスト p.9-8 ～ 10
参照

	現　　　　金	
	7/16（**交 通 費**）（ *20,000* ）

	普 通 預 金	
7/10（**借 入 金**）（ *950,000* ）	

	借 　 入 　 金	
	7/10（**諸　　　口**）（ *1,000,000* ）

	支 払 利 息	
7/10（**借 入 金**）（ *50,000* ）	

	交 　 通 　 費	
7/16（**現　　　金**）（ *20,000* ）	

解説

　Ｔフォームへは、日付・仕訳の相手勘定・金額を記録します。
　仕訳帳から勘定口座に転記するときには、仕訳帳の摘要欄
（左側）の借方科目と借方・金額は勘定口座の借方に、仕訳帳
の摘要欄（右側）の貸方科目と貸方・金額は勘定口座の貸方に
転記します。また、相手勘定が複数ある場合は、記入する科目
を「諸口」とすることに注意してください。

解答

テキスト p.9-8 ～ 10
参照

現　　金			
2/20（売 掛 金）（420,000）	2/2（貸 付 金）（300,000）

売　掛　金			
2/10（諸　　口）（420,000）	2/20（現　　金）（420,000）

商　　品			
	2/10（売 掛 金）（350,000）

貸　付　金			
2/2（現　　金）（300,000）	

商 品 販 売 益			
	2/10（売 掛 金）（ 70,000）

解説

　仕訳帳から勘定口座に転記するときには、仕訳帳の摘要欄（左側）の借方科目と借方・金額は勘定口座の借方に、仕訳帳の摘要欄（右側）の貸方科目と貸方・金額は勘定口座の貸方に転記します。また、相手勘定が複数ある場合は、「諸口」としてまとめます。

解答

テキスト p.9-8 ～ 10
参照

現　　金			
	11/2（支 払 家 賃）（150,000）

普　通　預　金			
	11/10（貸 付 金）（480,000）

貸　付　金			
11/10（諸　　口）（500,000）	

受 取 利 息			
	11/10（貸 付 金）（ 20,000）

支 払 家 賃			
11/2（現　　金）（150,000）	

解説

　仕訳帳の摘要欄（左側）の借方科目と借方・金額は勘定口座の借方に、仕訳帳の摘要欄（右側）の貸方科目と貸方・金額は勘定口座の貸方に転記します。また、相手勘定が複数ある場合は、「諸口」としてまとめて記入します。

問題 **5** 仕訳帳と総勘定元帳への記入

解答

$$\left.\begin{array}{l}\text{摘要欄の}\\\text{小書きは不要}\end{array}\right\}^{01)}$$

仕　訳　帳　　　　　　　　　　1

×6年		摘　　　要	元丁	借　方	貸　方
1	5	（現　　　金）	1	800,000	
		（借　入　金）	20		800,000
	10	諸　　　口 02)　　諸　　　口 02)			
		（現　　　金）	1	40,000	
		（売　掛　金）	3	30,000	
		（商　　　品）			50,000
		（商品販売益）			20,000
	25	諸　　　口 03)　　（現　　　金）	1		405,000
		（借　入　金）	20	400,000	
		（支　払　利　息）		5,000	
	28	（現　　　金）	1	15,000	
		（売　掛　金）	3		15,000

総　勘　定　元　帳

現　　　金　　　　　　　　1

×6年		摘　要	仕丁	借　方	×6年		摘　要	仕丁	貸　方
1	5	借　入　金	1	800,000	1	25	諸　　口 04)	1	405,000
	10	諸　　口	1	40,000					
	28	売　掛　金	1	15,000					

売　　掛　　金　　　　　　3

1	10	諸　　口	1	30,000	1	28	現　　金	1	15,000

借　　入　　金　　　　　　20

1	25	現　　金	1	400,000	1	5	現　　金	1	800,000

01) 小書きについて
勘定科目の下に取引
の要約を書きます。
これを小書き（こが
き）といいますが、
学習簿記では省略す
ることが多いようで
す。

02) 借方、貸方どちらも
複数の場合、借方、
貸方の勘定科目の一
行目にそれぞれ諸口
と書きます。この諸
口は勘定科目ではな
いのでカッコ書きし
ません。

03) 借方が複数の場合、
貸方の勘定科目と同
じ行に諸口と書きま
す。

04) 1月25日の取引に
おいて、現金の相手
勘定は複数あるので
転記のさいの相手勘
定は諸口とします。

テキスト p.9-8 ～ 13
参照

Chapter 1
Chapter 2
Chapter 3
Chapter 4
Chapter 5
Chapter 6
Chapter 7
Chapter 8
Chapter 9
Chapter 10
Chapter 11
Chapter 12

Chapter 10 決算の手続き

Section 1 決算とは

問題 1 簿記の基本①

解答

ア	補 助 簿	イ	総勘定元帳	ウ	仕　　　訳	エ	転　　　記
オ	損益計算書	カ	負　　　債	キ	財 政 状 態	ク	借　　　方

テキスト p.10-2 〜 3
参照

解説

　帳簿組織および財務諸表についての基本事項です。理解できるようにしましょう。

　なお、穴埋め後の文章は、次のとおりです。

　「会計帳簿には、主要簿と（補助簿）がある。簿記の主要簿としては、仕訳帳と（総勘定元帳）がある。仕訳帳に記入することを（仕訳）といい、総勘定元帳への記録を（転記）という。

　また会計記録に基づいて作成される主要な財務諸表として、貸借対照表と（損益計算書）がある。貸借対照表には資産と（負債）そして純資産（資本）が対照的に記載される。一般に、貸借対照表は、企業の（財政状態）を表していると説明される。なお、資産は、貸借対照表の（借方）側に記載される。」

解答

ア	仕　　　　訳	イ	転　　　　記	ウ	借　　　　方
エ	貸　　　　方	オ	損 益 計 算 書	カ	負　　　　債
キ	財 政 状 態	ク	収　　　　益	ケ	純 利 益
コ	経 営 成 績				

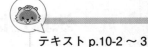 テキスト p.10-2 ～ 3 参照

解説

　　帳簿組織および財務諸表についての基本事項です。穴埋め後の文章は、次のとおりです。

「会計帳簿の主要簿には、仕訳帳と総勘定元帳がある。仕訳帳に記入することを（仕訳）といい、総勘定元帳への記録を（転記）という。総勘定元帳の各勘定口座の左側を（借方）と呼び、右側を（貸方）と呼ぶ。そして会計記録に基づいて作成される主要な財務諸表には、貸借対照表と（損益計算書）がある。貸借対照表は、資産と（負債）、そして純資産（資本）を収容し、一般に、企業の（財政状態）を表していると説明される。一方は、後者は、（収益）と費用の差額として（純利益）を計算し、一般に企業の（経営成績）を表していると説明される。」

Section 2 試算表の作成

問題 **3** 試算表（合計残高試算表）①

解答

合 計 残 高 試 算 表

借方残高	借方合計	元丁	勘定科目	貸方合計	貸方残高
63,000	100,000	1	現　　　金	37,000	
5,000	15,000	2	商　　　品	10,000	
	10,000	3	借　入　金	25,000	15,000
		4	資　本　金	50,000	50,000
		5	商品販売益	15,000	15,000
3,000	3,000	6	通　信　費		
9,000	9,000	7	給　　　料		
80,000	137,000 [01)			137,000 [01)	80,000

テキスト p.10-4 ～ 7
参照

01） 合計試算表の貸借の
合計額が一致したら、
次に残高試算表を作
成します。合計試算
表の貸借が一致する
のを確認してから、
残高試算表を作るの
がコツです。

解答

(1)

01)

	借方科目	金額	貸方科目	金額
①	現　　　　金	400,000	資　本　金	400,000
②	通　信　費	100,000	現　　　金	100,000
③	現　　　　金	220,000	借　入　金	220,000
④	商　　　　品	80,000	現　　　金	80,000
⑤	現　　　　金	120,000	商　　　品	80,000
			商品販売益	40,000
⑥	支　払　利　息	2,000	現　　　金	2,000
⑦	備　　　　品	92,000	現　　　金	92,000
⑧	水　道　光　熱　費	15,000	現　　　金	15,000
⑨	給　　　　料	62,000	現　　　金	62,000
⑩	支　払　家　賃	12,000	現　　　金	12,000

01) 問題の勘定科目は次のように分類されます。
資産…現金、商品、備品
負債…借入金
純資産(資本)…資本金
収益…商品販売益
費用…給料、通信費、水道光熱費、支払家賃、支払利息

(2)

現　金

① 資本金 400,000	② 通　信　費 100,000
③ 借入金 220,000	④ 商　　　品 80,000
⑤ 諸　口 120,000	⑥ 支払利息 2,000
	⑦ 備　　　品 92,000
	⑧ 水道光熱費 15,000
	⑨ 給　　　料 62,000
	⑩ 支払家賃 12,000

商　品

④ 現　金 80,000	⑤ 現　金 80,000

備　品

⑦ 現　金 92,000	

借　入　金

	③ 現　金 220,000

資　本　金

	① 現　金 400,000

商品販売益

	⑤ 現　金 40,000

給　料

⑨ 現　金 62,000	

通　信　費

② 現　金 100,000	

水道光熱費

⑧ 現　金 15,000	

支　払　家　賃

⑩ 現　金 12,000	

支　払　利　息

⑥ 現　金 2,000	

(3)

合 計 残 高 試 算 表 [02]

| 借 方 | | 勘 定 科 目 | 貸 方 | |
残 高	合 計		合 計	残 高
377,000	740,000	現 金	363,000	
	80,000	商 品	80,000	
92,000	92,000	備 品		
		借 入 金	220,000	220,000
		資 本 金	400,000	400,000
		商 品 販 売 益	40,000	40,000
62,000	62,000	給 料		
100,000	100,000	通 信 費		
15,000	15,000	水 道 光 熱 費		
12,000	12,000	支 払 家 賃		
2,000	2,000	支 払 利 息		
660,000	1,103,000		1,103,000	660,000

Chapter 1
Chapter 2
Chapter 3
Chapter 4
Chapter 5
Chapter 6
Chapter 7
Chapter 8
Chapter 9
Chapter 10
Chapter 11
Chapter 12

02) 合計残高試算表の貸借が一致しないときには、合計欄の差額を計算し、次の2つの方法で間違いを見つけると効率的です。
(a)資料に上記差額に該当する金額がないかをチェックする。
(b)差額を9で割ってみる。
→割り切れる場合には￥100,000を￥10,000と書くなど、ケタ違いの可能性が大きいのでチェックする。

テキスト p.10-4～7
参照

Section 1 精算表

問題 1 精算表の作成①

解答

テキスト p.11-2 ～ 3
参照

精 算 表

勘定科目	残高試算表 借 方	残高試算表 貸 方	損益計算書 借 方	損益計算書 貸 方	貸借対照表 借 方	貸借対照表 貸 方
現　　　　金	154,000				154,000	
普 通 預 金	1,136,000				1,136,000	
売 　掛　 金	3,270,000				3,270,000	
貸 　付 　金	500,000				500,000	
商　　　　品	570,000				570,000	
備　　　　品	4,500,000				4,500,000	
買 　掛 　金		2,980,000				2,980,000
借 　入 　金		2,000,000				2,000,000
資 　本 　金		4,500,000				4,500,000
商 品 販 売 益		2,475,000		2,475,000		
受 取 利 息		45,000		45,000		
給　　　　料	942,000		942,000			
交 　通 　費	270,000		270,000			
通 　信 　費	133,000		133,000			
消 耗 品 費	9,800		9,800			
修 　繕 　費	37,600		37,600			
支 払 家 賃	330,000		330,000			
支 払 利 息	140,000		140,000			
雑　　　　費	7,600		7,600			
当期純（ 利益 ）			650,000			650,000
	12,000,000	12,000,000	2,520,000	2,520,000	10,130,000	10,130,000

解説

1. 収益・費用の諸勘定の金額を損益計算書欄へ、資産・負債・純資産（資本）の諸勘定の金額を貸借対照表欄へ記入します。
2. 損益計算書欄の貸方合計額から借方合計額を差し引いて当期純利益を求め、借方に金額を記入するとともに、勘定科目欄に「当期純利益」と記入します。
3. 貸借対照表欄で、借方合計額から貸方合計額を差し引いて当期純利益を求め、貸方にその金額を記入し、貸借一致を確認します。

表にまとめると、次のとおりです。

損　益　計　算　書

費　　　用		収　　　益	
給　　　料	942,000	商品販売益	2,475,000
交　通　費	270,000	受　取　利　息	45,000
通　信　費	133,000		
消　耗　品　費	9,800		
修　繕　費	37,600		
支　払　家　賃	330,000		
支　払　利　息	140,000		
雑　　　費	7,600		
当 期 純 利 益	650,000		

貸　借　対　照　表

資　　　産		負　　　債	
現　　　金	154,000	買　掛　金	2,980,000
普　通　預　金	1,136,000	借　入　金	2,000,000
売　掛　金	3,270,000	純資産（資　本）	
貸　付　金	500,000	資　本　金	4,500,000
商　　　品	570,000	当 期 純 利 益	650,000
備　　　品	4,500,000		

問題 **2** 精算表の作成②

解答

精 算 表

テキスト p.11-2 ～ 3
参照

勘 定 科 目	残 高 試 算 表		損 益 計 算 書		貸 借 対 照 表	
	借 方	貸 方	借 方	貸 方	借 方	貸 方
現　　　　金	300,000				300,000	
普 通 預 金	1,500,000				1,500,000	
売 　掛 　金	830,000				830,000	
貸 　付 　金	800,000				800,000	
商　　　　品	1,200,000				1,200,000	
備　　　　品	4,300,000				4,300,000	
買 　掛 　金		800,000				800,000
借 　入 　金		1,500,000				1,500,000
資 　本 　金		6,500,000				6,500,000
商 品 販 売 益		1,180,000		1,180,000		
受 取 利 息		20,000		20,000		
給　　　　料	600,000		600,000			
広 　告 　費	55,000		55,000			
交 　通 　費	80,000		80,000			
通 　信 　費	20,000		20,000			
消 耗 品 費	3,000		3,000			
修 　繕 　費	7,000		7,000			
支 払 家 賃	270,000		270,000			
支 払 利 息	35,000		35,000			
当期純（ 利益 ）			130,000			130,000
	10,000,000	10,000,000	1,200,000	1,200,000	8,930,000	8,930,000

解説

1. 収益・費用の諸勘定の金額を損益計算書欄へ、資産・負債・純資産（資本）の諸勘定の金額を貸借対照表欄へ記入します。
2. 損益計算書欄の貸方合計額から借方合計額を差し引いて当期純利益を求め、借方に金額を記入するとともに、勘定科目欄に「当期純利益」と記入します。
3. 貸借対照表欄で、借方合計額から貸方合計額を差し引いて当期純利益を求め、貸方にその金額を記入し、貸借一致を確認します。

表にまとめると、次のとおりです。

損 益 計 算 書

費　　　用		収　　　益	
給　　　料	600,000	商品販売益	1,180,000
広　告　費	55,000	受 取 利 息	20,000
交　通　費	80,000		
通　信　費	20,000		
消 耗 品 費	3,000		
修　繕　費	7,000		
支 払 家 賃	270,000		
支 払 利 息	35,000		
当期純利益	130,000		

貸 借 対 照 表

資　　　産		負　　　債	
現　　　金	300,000	買　掛　金	800,000
普 通 預 金	1,500,000	借　入　金	1,500,000
売　掛　金	830,000	純資産（資　本）	
貸　付　金	800,000	資　本　金	6,500,000
商　　　品	1,200,000	当期純利益	130,000
備　　　品	4,300,000		

Section 2 　貸借対照表と損益計算書の作成

問題 **3** 　貸借対照表と損益計算書の作成①

解答

貸 借 対 照 表

NS商店		×1年12月31日		（単位：円）
資　　　産	金　　　額	負債および純資産	金　　　額	
現　　　金	80,000	買　掛　金	400,000	
普 通 預 金	2,060,000	借　入　金	2,500,000	
売　掛　金	630,000	（資　本　金）	3,000,000	
商　　　品	330,000	（当 期 純 利 益）	500,000	
貸　付　金	1,000,000			
（備　　　品）	2,300,000			
	6,400,000		6,400,000	

テキスト p.11-4 ～ 5
参照

Chapter 1
Chapter 2
Chapter 3
Chapter 4
Chapter 5
Chapter 6
Chapter 7
Chapter 8
Chapter 9
Chapter 10
Chapter 11
Chapter 12

損 益 計 算 書

ＮＳ商店　　×１年１月１日〜×１年12月31日　　（単位：円）

費　　　用	金　　額	収　　　益	金　　額
給　　　料	1,157,000	商 品 販 売 益	2,957,000
広　告　費	185,000	（受 取 利 息）	15,000
交　通　費	70,000		
通　信　費	110,000		
消 耗 品 費	77,000		
修　繕　費	93,000		
支 払 家 賃	710,000		
支 払 利 息	70,000		
（当 期 純 利 益）	500,000		
	2,972,000		2,972,000

解説

1．貸借対照表・損益計算書の各勘定科目の金額欄に、元帳残高を記入します。
2．（カッコ）内に、残りの元帳残高を記入します。
　　　・貸借対照表　　資　　　　産（借方）→　備　　　品　￥　2,300,000
　　　　　　　　　　　負債および純資産（貸方）→　資　本　金　￥　3,000,000
　　　・損益計算書　　収　　　　益（貸方）→　受 取 利 息　￥　　　15,000
3．貸借対照表・損益計算書の貸借合計を計算し、差額（当期純損益）を求めます。
　　　・貸借対照表　　貸　借　差　額（貸方）→　**当期純利益**　￥　　500,000
　　　・損益計算書　　貸　借　差　額（借方）→　**当期純利益**　￥　　500,000

問題 4　貸借対照表と損益計算書の作成②

解答

貸 借 対 照 表

NS商店　　　　　×1年12月31日　　　　　（単位：円）

資　　産	金　　額	負債および純資産	金　　額
現　　　　金	200,000	買　　掛　　金	650,000
普　通　預　金	1,200,000	借　　入　　金	1,500,000
売　　掛　　金	700,000	（資　　本　　金）	5,500,000
商　　　　品	350,000	当期純（利益）	500,000
貸　　付　　金	1,700,000		
（備　　　　品）	4,000,000		
	8,150,000		8,150,000

テキスト p.11-4 ～ 5
参照

損 益 計 算 書

NS商店　　　×1年1月1日～×1年12月31日　　　（単位：円）

費　　用	金　　額	収　　益	金　　額
給　　　　料	750,000	（商品販売益）	2,180,000
広　　告　　費	200,000	受　取　利　息	20,000
交　　通　　費	90,000		
通　　信　　費	70,000		
消　耗　品　費	20,000		
修　　繕　　費	150,000		
支　払　家　賃	350,000		
支　払　利　息	70,000		
当期純（利益）	500,000		
	2,200,000		2,200,000

解説

1．貸借対照表・損益計算書の各勘定科目の金額欄に、元帳残高を記入します。
2．（カッコ）内に、残りの元帳残高を記入します。
　　・貸借対照表　　資　　　　　　　産（借方）→　備　　　品　¥　4,000,000
　　　　　　　　　　負債および純資産（貸方）→　資　本　金　¥　5,500,000
　　・損益計算書　　収　　　　　　　益（貸方）→　商品販売益　¥　2,180,000
3．貸借対照表・損益計算書の貸借合計を計算し、差額（当期純損益）を求めます。
　　・貸借対照表　　貸　借　差　額（貸方）→　**当期純利益**　¥　　500,000
　　・損益計算書　　貸　借　差　額（借方）→　**当期純利益**　¥　　500,000

問題 **5** 決算振替記入と帳簿の締切り

解答

(1) ①収益の振替え

借方科目	金　　額	貸方科目	金　　額
商品販売益	245,000	損　　　　益	283,000
受 取 利 息	38,000		

②費用の振替え

借方科目	金　　額	貸方科目	金　　額
損　　　　益	263,000	給　　　　料	125,000
		水 道 光 熱 費	43,000
		広　告　費	34,000
		支 払 家 賃	61,000

(2) 上記決算振替仕訳にもとづいて、次ページの各勘定に転記しなさい[01]。

01) 解答用紙には締切線が印刷されていますが、ここではまだ締め切る前ですから、締切線は入れていません。

給　　　料

現　金	125,000	**損　益 125,000**	

水道光熱費

現　金	43,000	**損　益 43,000**	

広　告　費

現　金	34,000	**損　益 34,000**	

支 払 家 賃

現　金	61,000	**損　益 61,000**	

商品販売益

損　益 245,000	現　金	75,000	
	現　金	105,000	
	現　金	65,000	

受 取 利 息

損　益 38,000	現　金	21,000	
	現　金	17,000	

資　本　金

		現　　金	800,000

損　　　益

給　　　料	125,000	商品販売益	245,000
水道光熱費	43,000	受 取 利 息	38,000
広　告　費	34,000		
支 払 家 賃	61,000		

(3)損益勘定から資本金勘定への振替え

借方科目	金　　額	貸方科目	金　　額
損　　　益	20,000	資　本　金	20,000

給　　料

現　金	125,000	損　益	125,000

水道光熱費

現　金	43,000	損　益	43,000

広　告　費

現　金	34,000	損　益	34,000

支払家賃

現　金	61,000	損　益	61,000

商品販売益

損　益	245,000	現　金	75,000
		現　金	105,000
		現　金	65,000
	245,000		245,000

受取利息

損　益	38,000	現　金	21,000
		現　金	17,000
	38,000		38,000

資　本　金

次期繰越 02)	820,000	現　　金	800,000
		損　　益	20,000
	820,000		820,000

損　　益

給　　料	125,000	商品販売益	245,000
水道光熱費	43,000	受取利息	38,000
広　告　費	34,000		
支払家賃	61,000		
資　本　金	20,000		
	283,000		283,000

02) 資産、負債、純資産の勘定は貸借の合計額を一致させて締め切ります。そのため本来の残高とは逆側に「次期繰越」と朱書きします。

解説

　本問は、帳簿の締切りのための手順を問う問題です。Ｔフォームのみの解答欄を設けるのではなく、仕訳の解答欄も設けました。これは、**仕訳→転記**という記帳の流れを意識してほしいからです。

　仕訳をしたら転記する、あるいは、総勘定元帳の**各勘定に記入するためには先に仕訳帳に仕訳を書く**ということが必要だということを覚えておきましょう。

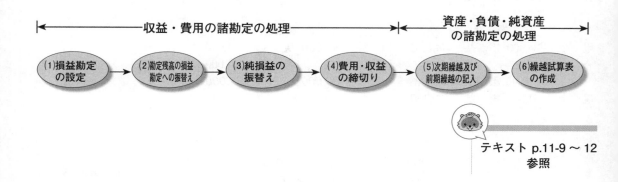

テキスト p.11-9 ～ 12
参照

Chapter 12 非営利組織の会計

Section 1 非営利団体の会計

問題 1 計算構造

解答

（ア）	（イ）	（ウ）	（エ）
¥ 133,000	¥ 461,000	¥ 51,000	¥ 184,000

解説

　最も単純な現金のみを管理対象としているので、期首および期末の各時点では①「現金有高＝繰越金」となります。そして、期中の変動を把握するのが収支計算であり、②「収入－支出＝期中収入増加」となります。

　ここで計算された期中収入増加は、そのまま期末の繰越金に加算されるので、③「期首繰越金＋期中収入増加額＝期末繰越金」という算式になります。

　これらの算式を利用して、次の順番で解答します。

（ア）　（ア）＝繰越金¥133,000 … 上記①

（ウ）　期首繰越金¥133,000 ＋（ウ）＝期末繰越金¥184,000
　　　　　　　　　　　　　　　　　　　　… 上記③

（イ）　収入¥512,000 －（イ）＝期中収入増加（ウ）¥51,000
　　　　　　　　　　　　　　　　　　　　… 上記②

（エ）　（エ）＝繰越金¥184,000 … 上記①

テキスト p.12-2 ～ 6
参照

問題 **2** 現金出納帳への記入

解答

現　金　出　納　帳　　　　＜9＞

日付	摘　　要	勘　定　科　目	丁数	借方(収入)	貸方(支出)	有高(残高)
2 1	前月繰越		✓	64,500		64,500
5	電気料金	（水道光熱費）	＜3＞		[14,200]	[50,300]
7	文房具代金	（消 耗 品 費）	＜6＞		[3,400]	[46,900]
10	管理費2月分	（管理費収入）	＜1＞	[180,000]		[226,900]

＜1＞
管　理　費　収　入

日付	摘　　要	丁数	借　方	日付	摘　　要	丁数	貸　方
				2 10	（現　　金）	＜9＞	[180,000]

＜3＞
水　道　光　熱　費

2/ 5 （現　　金）＜9＞[14,200]

＜6＞
消　耗　品　費

2/ 7 （現　　金）＜9＞[3,400]

テキスト p.12-2 ～ 6
参照

Chapter 1
Chapter 2
Chapter 3
Chapter 4
Chapter 5
Chapter 6
Chapter 7
Chapter 8
Chapter 9
Chapter 10
Chapter 11
Chapter 12

問題 **3** 　**会計報告書（報告式）**

解答

バレーボール同好会会計報告書

自×1年4月1日　至×2年3月31日

　　　　　　　　　　　　会　長　　○野　○男

　　　　　　　　　　　　会　計　　△藤　△子

収入の部：　前期繰越金	[　　**90,000**]	
（**会 費 収 入**）	[　　**310,000**]	[　　**400,000**]
支出の部：（**練習場使用料**）	[　　**160,000**]	
（**大 会 参 加 費**）	[　　**80,000**]	
（**消 耗 品 費**）	[　　**50,000**]	[　　**290,000**]
次 期 繰 越 金		[　　**110,000**]

解説

　支出項目の配列を間違えないように注意しましょう。

収入の部

　　¥90,000 ＋ ¥310,000 ＝ ¥400,000

支出の部

　　¥160,000 ＋ ¥80,000 ＋ ¥50,000 ＝ ¥290,000

次期繰越金

　　¥400,000 － ¥290,000 ＝ ¥110,000

テキスト p.12-2 ～ 6
参照

問題 **4** **会計報告書（勘定式）**

解答

マンション管理組合会計報告書
自×1年5月1日　至×1年5月31日

会　長　　○野　○男
会　計　　△藤　△子

【支出の部】　　　　　　　　　　　　　　　　　　【収入の部】

項　　　目	金　　額	項　　　目	金　　額
（ 通　信　費 ）	8,000	前 月 繰 越 金	240,000
（ 消 耗 品 費 ）	10,000	（ 管 理 費 収 入 ）	180,000
（ 修　繕　費 ）	52,000		
次 月 繰 越 金	350,000		
	420,000		420,000

解説

　　支出項目の配列は、**元帳の丁数の順**なので、間違えないように注意しましょう。
　収入の部（貸方）
　　¥240,000 ＋ ¥180,000 ＝ ¥420,000
　支出の部（借方）
　　¥8,000 ＋ ¥10,000 ＋ ¥52,000 ＋ ¥350,000 ＝ ¥420,000

テキスト p.12-2 〜 6
参照

日本語・中国語・英語 勘定科目対応表

日本語（Japanese）	中国語（Chinese）	英語（English）
資産勘定	**财产帐目**	**asset**
現金	现金／库存现金	cash
小口現金	备用金／小额现款	petty cash
当座預金	活期存款	current deposits
普通預金	银行存款	ordinary current deposits
定期預金	定期存款	time deposits
受取手形	应收票据	notes receivable
売掛金	应收账款	accounts receivable
商品（分記法）	商品	merchandise
貸付金	贷款	loans receivable
有価証券	有价证券	securities
繰越商品	结转商品	merchandise inventry
前払金	预付账款	advance payments-other
建物	建筑物	buildings
車両運搬具	车辆运输工具	vehicles
備品	备品	fixtures
土地	土地	land
消耗品	消耗品／易耗品	consumables
立替金	垫付款项	advances paid
未収金	其他应收款	other receivable
仮払金	暂付款	suspense payments
仮払消費税	临时付款消费税	suspense paid consumption taxes
負債勘定	**负债帐目**	**liability**
買掛金	应付账款	accounts payable
借入金	借款／拆入资金	loans payable
支払手形	应付票据	notes payable
未払金	未付款／其他应付款	other payable
未払消費税	应交消费税	accrued consumption taxes
未払税金	应交税金	accrued taxes
前受金	预收账款	advance from customers
預り金	存款	deposits received
従業員預り金	员工存款	deposits received from employees
仮受金	暂收款	suspense receipt
仮受消費税	临时接待处消费税	suspense receipt of consumption taxes
純資産（資本）勘定	**纯资产（资本）帐目**	**capital**
資本金	实收资本	capital stock
繰越利益剰余金	未分配利润结转	retained earnings brought forward
収益勘定	**收益帐目**	**revenue**
役務収益	服务收入	sales of services
受取利息	收领利息／利息收入	interest income
雑収入	杂项收入	miscellaneous income
売上	销售额	sales
有価証券売却益	获得出售证券	gain on sale of securities
雑益	杂乱的利益	miscellaneous profit
費用勘定	**费用帐目**	**expense**
給料	工资	salaries expense
広告費	广告费用	advertising expense
発送費	发送费用	delivery expenses
旅費	差旅费	traveling expenses
交通費	交通费	transportation expenses
通信費	通信费／通讯费	communication expenses
水道光熱費	水道光热费	utilities expense
消耗品費	消耗品费	supplies expenses
修繕費	修理费	repairs expense
保険料	保险费用	insurance expense
雑費	杂费	miscellaneous expenses
支払利息	支付利息	interest expense
仕入	采购／认购	purchases
貸倒引当金繰入（額）	坏帐准备金转入额数	provision of allowance for doubtful accounts
貸倒損失	坏账损失	bad debt expense
減価償却費	折旧费	depreciation expense
交際費	交际应酬费	entertainment expense
支払手数料	手续费支出	commission fee
租税公課	租税公共费	taxes and dues
有価証券売却損	出售损失	loss on sale of securities
雑損	杂项损失	miscellaneous loss
その他	**此外．帐目**	**other**
損益	损益	profit and loss account
現金過不足	现金溢缺	cash over and short
貸倒引当金	坏帐准备金	Allowance for doubtful accounts
引出金	抽屉金子	drawings

索　引

■監修
　新田 忠誓　商学博士（一橋大学）
　　一橋大学名誉教授
　　日本簿記学会顧問、一般社団法人 資格教育推進機構代表理事
　　1977年　一橋大学大学院商学研究科博士課程単位修得
　　神奈川大学経済学部、慶應義塾大学商学部、一橋大学商学部・商学研究科などを経て、
　　現在、一橋大学名誉教授
　　公認会計士・不動産鑑定士・税理士試験委員など歴任。

■編著
　桑原 知之（ネットスクール株式会社）

■制作スタッフ
　藤巻健二　中嶋典子　石川祐子　吉永絢子　吉川史織

■本文・表紙デザイン
　株式会社スマートゲート

本書の発行後に公表された法令等及び試験制度の改正情報、並びに判明した誤りに関する訂正情報
については、弊社 WEB サイト内の『読者の方へ』にてご案内しておりますので、ご確認下さい。

https://www.net-school.co.jp/

なお、万が一、誤りではないかと思われる箇所のうち、弊社 WEB サイトにて掲載がないものにつ
きましては、**書名（ISBNコード）と誤りと思われる内容**のほか、お客様の**お名前及びご連絡先
（電話番号）**を明記の上、弊社まで**郵送または e-mail** にてお問い合わせ下さい。

＜郵送先＞　〒 101 － 0054
　　　　　　東京都千代田区神田錦町 3 － 23 メットライフ神田錦町ビル 3 階
　　　　　　ネットスクール株式会社　　正誤問い合わせ係

＜ e-mail ＞　seisaku@net-school.co.jp

※正誤に関するもの以外のご質問、本書に関係のないご質問にはお答えできません。
※**お電話によるお問い合わせはお受けできません。**ご了承下さい。
※回答及び内容確認のためにお電話を差し上げることがございますので、必ずご連絡先をお書きください。

全経　簿記能力検定試験　公式テキスト＆問題集
基礎簿記会計

2024年 2 月20日　初版　第 1 刷発行

監 修 者　新　　田　　忠　　誓
編 著 者　桑　　原　　知　　之
発 行 者　桑　　原　　知　　之
発 行 所　ネ ッ ト ス ク ー ル 株 式 会 社
　　　　　　　　　出　　版　　本　　部
　　　　　〒101-0054　東京都千代田区神田錦町3-23
　　　　　電話　03（6823）6458（営業）
　　　　　FAX　03（3294）9595
　　　　　https://www.net-school.co.jp/
DTP制作　ネ ッ ト ス ク ー ル 株 式 会 社
印刷・製本　日 経 印 刷 株 式 会 社